Michael Reimer / Wolfgang Taschner

Fahrrad-reparatur

Bruckmann Basic

BRUCKMANN

4 Pannenfrei unterwegs

Die Wahl des richtigen Fahrradtyps

7 Welches Fahrrad ist wie anfällig?
Praktisches Citybike 7 – Trekkingrad im Trend 8 – Alternative Fitnessbikes 10 – Robustes Mountainbike 11 – Faszination Rennrad 12 – Bikes für die Frau 13

Die Komponenten des Fahrrads

15 Wie ist das Fahrrad aufgebaut?
15 Der Rahmen trägt alles
18 Die Gabel muss viel aushalten
19 Federung für Komfort und Sicherheit
Federgabeln 19 – Stoßdämpfer 21
22 Der Lenker muss passen
Verstellbarer Vorbau 24
24 Die Bremsen sind sehr wichtig
Öffnen der Bremse 25 – Bremsklötze montieren und ausrichten 26 – Bremshebel einstellen 27 – Bremsen mittig stellen 28 – Bowdenzüge austauschen 28
29 Die Wahl der Schaltung
Einstellung der Kettenschaltung 31 – Einstellung der Nabenschaltung 34 – Austausch des Schaltzugs 34

35 Die Wahl des richtigen Reifens
Reifen demontieren 36 – Reifen montieren 37
38 Der Schlauch hält die Luft
Empfohlener Reifendruck 40
40 Rundes Fahren mit intakter Felge
Auch die Felge will gepflegt sein 41 – Gefahr bei Felgenbruch 41 – Wenn das Laufrad an der Bremse schleift 42
42 Speichen reagieren sensibel
Das Zentrieren der Speichen 43 – Der Speichenbruch – Vorbeugung und Maßnahmen 44 – Speichen per Hand einziehen 45
46 Bequemer Sattel für mehr Fahrkomfort
Die optimale Fahrposition 48 – Welcher Sattel passt zu welchem Typ? 49
50 Damit die Kette wie geschmiert läuft
Regelmäßige Kettenpflege gehört zum Alltag 50 – Verstärkte Kettenpflege bei Schlechtwetter 51 – Wann ist eine neue Kette fällig? 52 – Austausch von Kettenblatt und Ritzel 54

55 Wenn das Tretlager knirscht
Neueinbau des Innenlagers 55

56 Auch Pedale brauchen Pflege
Klickpedale auf dem Vormarsch 57 – Die Montage der Cleats 59 – Wartung für jedes Pedal 59

60 Beleuchtung für mehr Sicherheit
Ursachen für Defekte an der Lichtanlage und einfache Maßnahmen 61 – Luxusgut Nabendynamo 63 – Alternative Beleuchtungs-Sets 63

Regelmäßige Wartung

65 Das passende Werkzeug
Pumpen in allen Varianten 65 – Welches Werkzeug zum Einsatz kommt 67

68 Die besten Pflegemittel
Kettenreinigung – ein schmieriges Thema 69 – Pflegemittel für andere Radkomponenten 70

70 Wartung am richtigen Ort

71 Kurzer Check vor jeder Fahrt
Rahmen und Gabel 71 – Laufrad und Bremsen 73 – Pedale 73 – Kette 73 – Lichtanlage 73 – Lenker, Sattel und Vorbau 74 – Probefahrt 74

74 Umfangreicher Check vor jeder großen Tour
Rahmen und Gabel 74 – Laufrad und Bremsen 76 – Gepäckträger 76 – Probefahrt 77

77 Wartung einmal im Monat
Prüfen und gegebenenfalls erneuern 77

78 Checkliste Wartung

79 Die große Jahresinspektion
Das Fahrrad komplett reinigen 79 – Alles wird unter die Lupe genommen 81

Pannenhilfe für unterwegs

83 Welches Werkzeug nimmt man mit?
Das Mini-Werkzeug für die Tour 83 – Was sonst noch brauchbar ist 84 – Kommunikation unterwegs 85 – Absprache bei Gruppenfahrten 85

86 Welche Ersatzteile gehören ins Gepäck?

87 Improvisation ist alles
Reifenpanne 87 – Speichenbruch 88 – Kaputtes Schaltwerk 88 – Kette gerissen 88 – Bremsen defekt 88 – Gebrochenes Rohr 88 – Schaden am Sattel 89 – Abgerissener Seilzug 89

89 Versorgung im Ausland

91 Checkliste

Anhang

Adressen 93 – Register 94 – Die Autoren 96 – Impressum 96

Pannenfrei unterwegs

Das steht man nun mit gerissener Kette mitten im Gelände fernab der Zivilisation. Hätte man doch vor der Abfahrt das Antriebselement überprüft und den Verschleiß zu Hause erkannt – eine neue Kette wäre schnell besorgt und eingebaut gewesen. Alles Wenn und Aber hilft nichts, jetzt ist Schieben angesagt. Mit Wehmut sieht man die anderen gemütlich weiter radeln.

So gut wie jeder Radler ist schon mindestens einmal unterwegs mit einer Panne liegen geblieben. Häufig stellte sich Verschleiß oder mangelnde Pflege als Ursache des Problems heraus. Durch rechtzeitige Wartung oder Erneuerung defekter Teile lassen sich viele Pannen vermeiden.

Dennoch kann auch aufgrund äußerer Umstände an einem intakten Fahrradteil ein Defekt auftreten. Wer passenden Ersatz dabei hat, ist schnell wieder im Sattel unterwegs. Im anderen Fall ist Improvisationstalent gefragt: Mit etwas Fantasie lassen sich viele Probleme zumindest so weit beheben, um mit dem Rad ans Ziel oder in die nächste Werkstatt zu rollen.

In diesem Buch geht es in erster Linie um die Vermeidung von Pannen. Dazu werden alle Fahrradkomponenten der Reihe nach unter die Lupe genommen. Zunächst wer-

Hängen die Räder erst am »Galgen«, ist es für die Fahrradpflege zu spät.

den die jeweilige Technik und Funktionsweise erklärt. So versteht man leicht, welche Probleme überhaupt auftreten können. Anschließend gibt es jede Menge Tipps und Tricks, um im Fall einer Panne den Defekt beheben zu können oder zumindest notdürftig zu reparieren.
Einen hohen Stellenwert haben die Themen Pflege und Wartung. Denn die regelmäßige Überprüfung der Komponenten ist der Schlüssel zur Vermeidung vieler Pannen. Dabei muss vor jeder Fahrt nicht gleich jede Schraube nachkontrolliert werden; bei vielen Teilen reicht es aus, wenn man sie einmal pro Monat überprüft, bei manchen sogar nur einmal im Jahr.
Das Beheben einer Panne ist immer dann unproblematisch, wenn das richtige Werkzeug und die passenden Ersatzteile in der Werkzeugtasche sind. Übersichtliche Checklisten in diesem Buch zeigen auf, was unbedingt ins Gepäck gehört – für den Fall der Fälle …
In diesem Sinne wünschen wir Ihnen viele schöne Radtouren mit möglichst wenig Pannen unterwegs.

Selbst Rennräder, die zuvor von Claudio Ciapucci und Marco Pantani gefahren wurden, brauchen entsprechende Pflege.

Die Wahl des richtigen Fahrradtyps

Schon beim Fahrradkauf fällt die erste Entscheidung hinsichtlich nachfolgender Reparaturarbeiten. Ist die Qualität der einzelnen Komponenten schlecht, können bereits nach wenigen Wochen die ersten Probleme auftauchen. Bei den unterschiedlichen Fahrradtypen ist naturgemäß das Mountainbike robuster gebaut als ein Rennrad. Als Alternative bietet sich das Tourenrad an, mit dem man sowohl auf Waldwegen als auch auf der Straße gut vorankommt.

Welches Fahrrad ist wie anfällig?

Die Entscheidung für ein bestimmtes Fahrrad ist natürlich stark damit verbunden, welchen Zweck das Fortbewegungsmittel erfüllen soll – aber auch der Preis spielt eine gewisse Rolle. Natürlich sind Verarbeitung und Qualität der Einzelteile eines Rades für 1990 Euro um Klassen besser als bei einem Sonderangebot um 199 Euro. Selbst wenn die geplanten Fahrziele nicht über die Stadtgrenze hinausgehen und man einigermaßen fit im Umgang mit Werkzeug ist, sollte man sich den Kauf so genannter Billigräder zweimal überlegen. Der Ärger über das schlechte Material überwiegt erfahrungsgemäß die Freude über die vermeintlich günstige Investition. Andererseits können einem auch extrem teure Hightech-Komponenten die Freude am Radfahren nehmen. Einige Beispiele: Die griffige Scheibenbremse am Mountainbike ist sehr wartungsintensiv, der superleichte Karbonsattel für das Rennrad kann brechen oder die luftgedämpfte Federung undicht werden.

Wichtig!

Wer vor dem Fahrradkauf alle Eventualitäten bedenkt und die Erfahrungen seiner Freunde und Bekannten mit einbezieht, wird hinterher weniger Zeit mit Reparaturen verbringen.

Praktisches Citybike Wer das Fahrrad vor allem dafür benötigt, um täglich in die Arbeit zu fahren, Einkäufe zu erledigen oder auch nur den nächsten Badesee anzusteuern, für den ist das Citybike die richtige Wahl. Wichtig ist beim Stadtrad die aufrechte Sitzhaltung, um im Straßenverkehr stets den Überblick zu bewahren. Bei einem guten Modell funktionieren die Rücktrittbremse und das Schaltgetriebe auch nach Jahren noch ohne Vorbehalt, eine aufwändige Wartung ist also nicht nötig. Im Gegenzug verzichtet man auf die Gangvielfalt der Kettenschaltung, sieben Gänge reichen in der Stadt vollkommen aus.

Selbst vollgefederte Modelle sind bereits auf dem Markt, sodass hinsichtlich des Komforts keine Abstriche gemacht werden müssen. Mindestens ebenso wichtig ist jedoch eine

Linke Seite: Voll Elan in die Berge – da macht ein gut funktionierendes Mountainbike Spaß.

Kleiner Nachmittagsausflug – kein Problem mit dem Citybike.

gewisse Robustheit, um die ein oder andere Traglast gut verkraften zu können. Citybikes können durchaus auch für Mehrtagestouren ein Thema sein, sofern die Route nicht allzu anspruchsvoll ist und sich das Tagespensum in Grenzen hält.

Trekkingrad im Trend Das Trekking- oder Tourenrad ist für all jene zweckmäßig, die den Urlaub gerne auf ihrem »Drahtesel« verbringen und damit größere Distanzen zurücklegen. Da in der Regel das gesamte Reisegepäck auf dem Rad verstaut wird, verfügt das klassische Tourenrad über einen stabilen Rahmen mit breitem Hinterbau und breiter Gabel; auf diese Weise passen auch die relativ breiten Reifen sowie das Schutzblech hindurch. Für den sicheren Gepäcktransport ist ein tragfähiger Gepäckträger unentbehrlich. Rahmen und Gabel sind meist aus Stahl, da dieses Metall auf Belastungen weniger empfindlich reagiert. Noch besser wäre Titan, doch ist dies auch eine Kostenfrage. Trekkingräder sind im Trend: Fast futuristisch mutet das 7,9 kg leichte Voll-Karbon-Rad an, das im Herbst 2004 auf der Fahrradmesse »Eurobike« als Neuheit erstmals vorgestellt wurde.
Bei der Schaltung gilt der Grundsatz: Je kleiner die Untersetzung, desto leichter lassen sich steile Berge erklimmen. Nicht zu vergessen, dass schweres Gepäck ja auch noch erheblich nach unten zieht. Ein Dreifach-Kettenblatt ist bei Touren-

rädern mit Kettenschaltung somit obligatorisch. Mit einer großen Übersetzung wiederum kann man in der Ebene und auf abschüssigen Strecken so richtig Tempo »bolzen« und Kilometer machen.

Achtung!

Ohne Kettenschutz drohen Hosenbeine zu verölen oder gar zu zerreißen.

Ein wichtiges Kriterium sind auch bequeme Sättel. Welcher Sattel zu welchem Typ passt, muss jeder individuell erkunden. Breite und gepolsterte Exemplare müssen nicht zwangsläufig auch bequemer sein. Um die Sitzposition zu entspannen, leistet auch ein kurzer und steiler Lenkervorbau Abhilfe. Apropos bequem: Auch bei Trekkingrädern hat die Federung, die wie Stoßdämpfer wirkt und vor allem die Handgelenke schont, bei der Gabel und Sattelstütze Einzug gehalten. Für Leute mit Bandscheibenproblemen ist dies ein unschätzbarer Vorteil. Allerdings eignet sich die Vollfederung nicht für schweres Gepäck, an Federgabeln etwa sollte gar kein Gepäckträger angebracht werden. Zudem wird das Rad dadurch auch schwerer, teurer und reparaturanfälliger. Der moderne Komfortradler hingegen, der sich bevorzugt im Rahmen organisierter Radtouren sein Gepäck in die nächste Unterkunft chauffieren lässt, kann in punkto Gewicht und Stabilität des Tourenrads zugunsten des Komforts gewisse Abstriche machen.

Eine spezielle Form des Trekkingrads ist das Crossrad, das

Mit guten Trekkingrädern sind auch einfachere Geländetouren möglich – im Bild die Anfahrt zur Schwarzentennalm bei Bad Wiessee.

ohne Gepäckträger und Schutzbleche sehr beweglich und geländetauglich ist. Dieses Rad ist vor allem für jene Zielgruppe konzipiert, die gerne abseits geteerter Autopisten auf schlechten Rad- und Feldwegen fährt, ohne auf das im Vergleich etwas schwerfällige Mountainbike zurückgreifen zu müssen. Die Reifen sind etwas breiter und profilreicher als beim herkömmlichen Trekkingrad.

Tipp!

Pannensichere Reifen sind vor allem bei langen Etappen von Vorteil, um so besser gegen den berüchtigten Plattfuß gewappnet zu sein.

Alternative Fitnessbikes Das Fitnessbike ist eine relativ neue Errungenschaft und richtet sich – wie der Name schon sagt – an jene Zielgruppe, die sich in der Freizeit regelmäßig auf dem Rad fit halten und dabei ein gewisses Lebensgefühl auskosten will. Geländeritte über Stock und Stein sind dabei ebenso wenig gefragt wie gepäckbeladene Marathontouren über Asphalt. Fitnessbiker fahren vielmehr gerne Tempo und wollen gleichzeitig bequem aufrecht sitzen. Die Rahmengeometrie orientiert sich im Wesentlichen am Rennrad. Die aufrechte Sitzposition wird ähnlich wie beim Mountainbike durch ein verkürztes Oberrohr bzw. einen erhöhten Vorbau erreicht. Schaltung und Bremsen wurden entweder vom Rennrad oder vom Mountainbike übernommen. Auf Federung wird aus zweierlei Gründen verzichtet: Zum einen will man überflüssiges Gewicht vermeiden und zum anderen ermöglicht eine starre Gabel dynamischeres und somit sportlicheres Lenken. Die Wendigkeit steht im Vordergrund. Die Reifen sind maximal 37 mm dick und taugen somit nicht für schwieriges Gelände. Gepäckträger und Schutzbleche sind nicht vorgesehen, bei Bedarf je nach Marke aber montierbar. Überhaupt stellen sich viele Kunden ihr Wunschrad aus verschiedenen Komponenten selbst zusammen. Fitnessbikes mit Namen wie »Race Cat« oder »Trail Cat« sollen trendig wirken und gehören im Alltag in die Garage.

Info!

Fitnessbikes sind auch für mehrtägige Radtouren mit Gepäcktransport wie geschaffen. Wer auf Tour richtig »cool« wirken will, deckt sich mit den entsprechenden Accessoires ein.

Robustes Mountainbike Die Fahrt über Stock und Stein zählt zu den größten Vergnügen der Mountainbike-Anhänger. Entsprechend robust sind die Fahrräder auch gebaut. Gerade im Gelände kommt es darauf an, dass alle Komponenten zuverlässig funktionieren. In Fall eines Sturzes kann jedoch selbst die beste Schaltung beim Aufprall auf Gestein ihren Dienst versagen. Deshalb empfiehlt es sich gerade hier, bereits vor der Tour die Funktion der einzelnen Bestandteile zu kennen und die passenden Ersatzteile für eine eventuelle Reparatur mitzunehmen.

Info!

Obwohl das Mountainbike extrem belastbar ist, können Schmutz und Stürze die Funktionsfähigkeit von Schaltung, Bremsen oder Antrieb stark beeinträchtigen. Gerade im Gelände fernab der nächsten Ansiedlung sind passende Ersatzteile, das richtige Werkzeug und Improvisationstalent gefragt.

Fahrtraining auf der Hühnerleiter – jetzt darf nichts schief gehen.

Wenn man sich auf sein Rad verlassen kann, sind auch solche Ausflüge wie hier ins Bergland von Gran Canaria möglich.

Faszination Rennrad Um möglichst schnell voranzukommen, müssen sämtliche Teile eines Rennrads extrem leicht und windschnittig sein. Um jedes Gramm an Gewicht einzusparen, kommen teure Materialien wie Titan oder Karbonfasern zum Einsatz, gleichzeitig wird bei der Fertigung an die Grenzen der Stabilität gegangen. Die Fahrer der Tour de France können ein Lied von gebrochenen Sattelstützen oder Lenkern singen.

Da beim Hobby-Radler kein Materialwagen hinterherfährt, der im Notfall sofort das passende Ersatzteil zur Hand hat, sollte man beim Rennrad keine Risiken eingehen und auf solide Technik achten. Am anfälligsten gegen Pannen sind beim Rennrad die schmalen, profillosen Reifen, die unter sehr hohem Luftdruck stehen. Hier holt man sich schnell mal einen Platten. Auch das Laufrad ist sehr gefährdet, denn beim kleinsten Achter, der beispielsweise beim versehentlichen Durchfahren eines Schlaglochs entsteht, kann die Felge an der Bremse schleifen.

Achtung! ***So schön die rasante Fahrt mit dem Rennrad ist, so anfällig ist die filigrane Technik gegenüber Pannen. Das Mitführen von Ersatzteilen und Werkzeugen ist ein unbedingtes Muss.***

Bikes für die Frau In den letzten Jahren haben Hersteller wie beispielsweise Specialized Fahrräder auf den Markt gebracht, die auf die femininen Bedürfnisse und Größen ausgerichtet sind. Dabei sind in erster Linie ein etwas kürzeres Oberrohr sowie eine kleiner Vorbau vorhanden, damit Frauen ihre ideale Sitzposition finden können. Gleichzeitig fällt der Lenker etwas schmaler aus, damit die Arme nicht zu weit nach außen greifen müssen.
Generell kann der Rahmen etwas dünner gebaut sein, da Frauen im Allgemeinen weniger Gewicht auf die Waage bringen. Weil dadurch das Rad etwas leichter wird, ist das Radeln auch geringfügig kraftsparender. Darüber hinaus haben die speziell für Frauen entwickelten Bikes kürzere Tretkurbeln sowie eine größere Maximalübersetzung zum leichteren Bergauffahren. Auch der Sattel hat eine etwas andere Form als bei den Männern.

Info!

Auch nachträglich lässt sich jedes Fahrrad auf die weibliche Anatomie anpassen: Ein Lenker ist beispielsweise relativ einfach gekürzt. Andere Umbauten wie etwa der Austausch von Vorbau, Sattel oder Tretkurbeln können ebenfalls ohne großen Aufwand durchgeführt werden, sie sind allerdings mit entsprechenden Neuanschaffungskosten verbunden.

Hier ist das Bike optimal auf die Bedürfnisse der Fahrerin abgestimmt.

Die Komponenten des Fahrrads

Das Fahrrad besteht aus einzelnen Komponenten, die im Prinzip bei jedem Rad gleich funktionieren. Um richtig reparieren zu können, ist es hilfreich, zuvor die jeweilige Funktion der einzelnen Radkomponenten zu kennen. Viele Mängel sind schnell und einfach behoben, wenn man weiß, wo und wie man hinfassen muss.

Wie ist das Fahrrad aufgebaut?

Obwohl zwischen einem Mountainbike und einem Rennrad ein himmelweiter Unterschied besteht, sind doch alle Räder nach demselben Prinzip aufgebaut. Wichtigster Bestandteil ist der Rahmen, an dem alle anderen Komponenten in irgendeiner Art befestigt sind. Vorne ist die Gabel mit dem Oberschaftrohr in den Lenkkopf eingesteckt, am unteren Ende der Gabel und am Ausfallende des Rahmens stecken die Laufräder in den Radachsen. Über den Vorbau wird der Lenker gehalten, und im Tretlagergehäuse dreht sich das Tretlager. Die Pedale werden am Tretlager angeschraubt und der Sattel mit dem Sattelrohr ins Sitzrohr eingesteckt. Alle weiteren Komponenten wie Schaltung, Bremsen, Lichtanlage, Schutzbleche oder Gepäckträger sind auf vielfältige Weise am Rahmen befestigt.

Der Rahmen trägt alles

Der Rahmen ist neben der Gabel der wichtigste Bestandteil eines Fahrrads. Seine Bauweise ist für Sicherheit und Fahreigenschaften entscheidend. Für Größe und Abmessungen des Rahmens gibt es keine Normung, jeder Hersteller baut ihn nach eigenen Vorstellungen und Erfahrungen. Generell bietet der längere Rahmen einen besseren Geradeauslauf, mit einem

Bis sämtliche Komponenten vom Rahmen entfernt sind, ist ganz schön viel Arbeit notwendig.

kürzeren Rahmen hingegen kommt man leichter um die Kurve. Damit sind mit der Wahl des Rahmens gewisse Fahreigenschaften vorbestimmt. Darüber hinaus ist durch die Rahmengeometrie die Sitzposition des Fahrers im Prinzip festgelegt.

Tipp!

Nachträgliches Ändern der Rahmengeometrie ist nur noch begrenzt über die Lenkereinstellung, Änderungen am Vorbau oder Verschieben des Sattels möglich. Von daher ist eine Probefahrt vor dem Kauf unbedingt empfohlen. Eine positive Entscheidung sollte nur fallen, wenn eine wirklich bequeme Sitzposition gefunden wird.

Beim Material besteht die Wahl hauptsächlich zwischen Stahl und Aluminium. Hightech-Materialien wie Titan oder Karbon sind hingegen im obersten Preissegment angesiedelt und in der Regel nur im Rennsport anzutreffen, wo es auf jedes eingesparte Gramm Gewicht ankommt. Stahlrahmen sind sehr robust, Brüche kommen allenfalls durch Fertigungs- oder Materialfehler vor. Aluminium ist deutlich leichter als Stahl und verfügt damit über einen Gewichtsvorteil, der den Kraftaufwand beim Radeln etwas reduziert.

Info!

Hinsichtlich der Haltbarkeit von Aluminium-Rahmen gibt es normalerweise ebenfalls keine Probleme. Risiken durch Materialermüdung gibt es nur bei extremer Belastung wie beispielsweise vielen Sprüngen im Gelände mit so genannten Hardtails, das sind Mountainbikes ohne gefederte Hinterachse.

Nach schweren Stürzen oder Unfällen können Probleme mit dem Rahmen auftreten. Sicheres Indiz sind sichtbare Knicke oder Risse im Material. Kleinere Schäden sind hingegen auf den ersten Blick nicht zu erkennen. Ein Anzeichen dafür ist beispielsweise, wenn das Fahrrad permanent nach einer Seite zieht. In der Werkstatt ist ein verzogener Rahmen mithilfe einer Prüflehre schnell identifiziert. Für den Hobbyradler helfen auf die Schnelle simple Tricks wie das Spannen einer Schnur von den beiden entlasteten Ausfallenden zum Steuerrohr. Der Abstand zwischen der gespannten Schnur und dem Sitzrohr muss in beiden Fällen ungefähr gleich sein. Eine andere Möglichkeit ist die optische Kontrolle, ob sich die Laufräder exakt in einer Ebene befinden. Voraussetzung dafür ist allerdings, dass sie keinen Seitenschlag haben.

Weicht der Abstand zwischen Schnur und Sitzrohr auf beiden Seiten deutlich voneinander ab, stimmt etwas mit dem Rahmen nicht.

Ein verzogener Rahmen kann unter Umständen von einem Fachmann gerichtet werden. Bastlern ist von dieser Reparatur abzuraten. Tritt der Schaden auf einer Tour auf, kann vorsichtig bis zur nächsten Werkstatt geradelt werden.

Ein Rahmenbruch lässt sich unterwegs notdürftig beheben, indem man ein möglichst hartes Holzstück zurechtschnitzt und mit beiden Enden in das Rohr an der Bruchstelle steckt. Falls vorhanden, kann man die Stelle von außen mit einem Weichblech umwickeln (eine Dose entsprechend zurechtschneiden) und mit zwei Rohrschellen fixieren. Damit lässt sich dann vorsichtig weiterfahren.

Ein gebrochener Rahmen gehört entsorgt. Reparieren ist aufgrund des Arbeitsaufwands teurer als die Anschaffung eines neuen Rahmens.

Lackschäden, die meist durch Zerkratzen entstehen, können hingegen leicht selbst behoben werden. Zum Ausbessern schleift man die betroffene Stelle vorsichtig mit einem feinen Schleifpapier ab. Danach streicht man die saubere, fettfreie Stelle mit einer Grundierung. Nach erneutem Anschleifen wird der Lack in mehreren Schichten aufgetragen.

Lackkratzer an einem Stahlrahmen lassen sich auch mit Nagellack vor Rost schützen. Aluminium hingegen kann aufgrund seiner eigenen Oxidationsschicht überhaupt keinen Rost ansetzen.

Werden solche Lackschäden nicht behoben, dringt der Rost immer weiter vor.

Die Gabel muss viel aushalten

Für jede beschädigte Gabel findet sich beim Fahrradhändler Ersatz.

Die Gabel ist in der Regel aus dem gleichen Material wie der Rahmen gefertigt. Sie zählt hinsichtlich der Sicherheit zu den wichtigsten Komponenten des Fahrrads, da ein Bruch normalerweise zu einem schweren Sturz führt, bei dem der Radler kopfüber auf die Straße fallen kann. Besonders gefährdet ist die Gabel bei Fahrten mit hoher Belastung durch schweres Gepäck vorne am Rad oder durch Abfahrten im Gelände.

Auch nach einem Aufprall gegen ein Hindernis ist die Gabel unbedingt von einem Fachmann zu überprüfen. Selbst wenn nur ein geringe Beschädigung erkennbar ist, gehört die Gabel ausgetauscht. Reparaturen bedeuten ein zu hohes Sicherheitsrisiko – insbesondere wenn man bedenkt, dass dieses Teil am meisten von allen Komponenten beansprucht wird, da es permanent die Unebenheiten der Fahrbahn aufnimmt.
Sollte die Gabel aus irgendeinem Grund unterwegs brechen, kann man sie notdürftig mit einem Stück Hartholz und einem Weichblech schienen (siehe »Rahmen«). Das Rad darf dann allerdings nur von einem leichtgewichtigen Fahrer auf ebener Straße ohne Gepäck vorsichtig gefahren werden. Bei Unebenheiten oder Abfahrten ist das Rad aus Sicherheitsgründen zu schieben. Lackschäden hingegen, die durch leichte Kratzer entstanden sind, kann man problemlos wie beim Rahmen ausbessern.

Wichtig!

Eine beschädigte Gabel gehört in jedem Fall auf den Schrott. Kratzer im Lack hingegen können problemlos repariert werden.

Federung für Komfort und Sicherheit

Bei einem ungefederten Fahrrad wird jede Erschütterung nahezu unvermindert an den Körper weitergegeben. Nicht ohne Grund hatten die ersten Räder den Beinamen »Knochenschüttler«. Auf gutem Asphalt spielt das keine Rolle – ganz im Gegenteil, beim Rennrad ist eine Federungen sogar unerwünscht, damit die gesamte Antriebskraft der Beine in entsprechenden Vortrieb umgesetzt wird. Das Mountainbiken hingegen ist ohne Federgabel praktisch undenkbar.
Auch bei anderen Fahrradtypen hat sich in den letzten Jahren die Federung durchgesetzt: Wer einmal mit einem gefederten Rad auf unebenen Wegen unterwegs war, wird nicht mehr darauf verzichten wollen. Handgelenke, Arme, Schultern und Halswirbelsäule bleiben von unangenehmen Stößen verschont, und längere Fahrten auf holprigen Straßen sind weniger ermüdend.

Federgabeln Die Federgabel ist anstelle der vorderen Gabel eingebaut. Prinzipiell unterscheidet man zwischen Luft- und Stahlfedergabeln. Bei der Luftfedergabel wird, wie der Name schon sagt, ein mit Luft gefüllter Kolben zusammengepresst. Das Luftpolster muss mit einer Spezialpumpe (Kostenpunkt ca. 20 € oder in einer Werkstatt) auf den entsprechenden Druck gebracht werden, der dem gewünschten Dämpfungsgrad entspricht.
Luftgefüllte Federgabeln sind deutlich leichter. Werden sie allerdings undicht, sackt die Federgabel zusammen und das Weiterfahren ist zumindest auf unebenem Terrain unmöglich.

Typische Federgabel eines Mountainbike

Tipp!

Auf längeren Touren sollte mindestens einer in der Gruppe eine Spezialpumpe zum Aufpumpen von luftgefüllten Federungen dabei haben, sofern luftgedämpfte Räder vorhanden sind.

Die unproblematischere Variante der Federgabel ist mit einer Stahlfeder ausgestattet, manche Modelle haben auch einen gummielastischen Zylinder (Elastomer). Das Schwingungsverhalten der Stahlfeder ist fast über den ganzen Hubweg linear, hinzu kommt ein feineres Ansprechverhalten. Im Gegensatz dazu wird die Luftfederung immer härter, je stärker sie zusammengepresst wird. Der Nachteil der Stahlfedergabel ist höheres Gewicht.

Info!

Die Stahlfederung ist robuster und weniger anfällig für Ausfälle.

Entscheidend für den Fahrkomfort eines gefederten Rades ist der richtig eingestellte Dämpfungsgrad, der sich über eine Einstellschraube verändern lässt. Ist er zu weich eingestellt, fängt das Bike bei härterem Tritt bergauf an zu wippen. Das beeinträchtigt die Fahrweise und führt dazu, dass ein Teil der Vortriebsenergie in der Federbewegung verloren geht – der Anstieg wird kräftezehrender. Außerdem wird eine zu weiche Federung beim Bremsen stark zusammengedrückt, sodass sich der Lenker nach unten bewegt und eine kritische Fahrsituation hervorruft. Eine zu hart eingestellte Federung hingegen bringt nicht den gewünschten Fahrkomfort. Es ist schon etwas Geduld erforderlich, die richtige Einstellung zu finden. Andererseits kann man auch unterwegs ohne Werkzeug den Dämpfungsgrad leicht verändern. Es ist zu beachten, dass beim Zuladen von Gepäck die Federung härter eingestellt werden muss. Moderne Federgabeln haben einen so genannten Lockout, das heißt, man kann sie mithilfe eines kleinen Hebels blockieren, wenn man beispielsweise auf ebener Straße unterwegs ist.

Rechte Seite: Stoßdämpfer mit Stahlfeder (oben) und mit Luftdämpfung (mitte). Zur Kontrolle des Luftdrucks ist eine Spezialpumpe erforderlich (unten).

Bei schwer- bzw. leichtgewichtigen Fahrern reicht der Einstellbereich der Federgabel oft nicht aus. In diesem Fall wird das Federungselement ausgetauscht und durch ein anderes mit härterem bzw. weicherem Dämpfungsgrad ersetzt. Entsprechende Teile können über den Fachhandel bezogen wer-

den. Auch zur Reparatur einer Federgabel sind immer Spezialteile des Herstellers erforderlich. Wegen der enormen Produktvielfalt muss beim Kauf von Ersatzteilen immer die exakte Bezeichnung des Typs angegeben werden.
Das Auseinanderbauen einer Federgabel ist bei jedem Fabrikat anders. Im Prinzip funktioniert es so, dass man das Rad umgedreht auf Sattel und Lenker stellt und das Laufrad ausbaut. Bei einer luftgefüllten Gabel ist vor dem Öffnen unbedingt der Druck abzulassen. Danach dreht man das Verstellrad heraus und löst auf der anderen Seite die Inbusschraube. Anschließend zieht man vorsichtig die beiden Rohre auseinander.
Reparaturen fallen bei der Federgabel eher selten an, anders sieht es mit der regelmäßigen Pflege aus (siehe Kapitel »Wartung«).

Stoßdämpfer Die komfortabelste Federung wird erreicht, wenn sowohl Vorder- als auch Hinterrad gedämpft sind. Hierzu ist erforderlich, dass der hintere Teil des Rahmens beweglich ist, um die Unebenheiten der Fahrbahn an den Stoßdämpfer weiterleiten zu können. Dazu gibt es je nach Hersteller ganz unterschiedliche Konstruktionen. Der Stoßdämpfer arbeitet im Prinzip wie die Federgabel, lediglich der Hubweg ist deutlich kürzer. Es gibt auch hier die beiden Dämpfungsarten entweder durch Luftdruck oder mittels einer Stahlfeder.

Info!

Wie bei der Federgabel ist auch beim Stoßdämpfer eine regelmäßige Wartung erforderlich. Reparaturen sind hingegen eher selten. In solchen Fällen sind Spezialteile notwendig, die es ausschließlich im Fachhandel gibt.

Über eine Einstellschraube, die den Dämpfungsgrad der Stahlfeder verändert, bzw. durch Verändern des Luftdrucks mit einer Spezialpumpe wird die optimale Abstimmung des Fahrwerks erzielt. Die Kunst liegt darin, die Federgabel und den Stoßdämpfer so einzustellen, dass Unebenheiten perfekt ausgeglichen werden und das Rad weder ins Schaukeln kommt noch die Schläge an den Fahrer weitergibt. Am besten geht man folgendermaßen vor: Zunächst die Federung auf die weichste Stufe stellen und unebenes Terrain durchfahren. Solange die Federgabel durchschlägt, wird der Dämpfungsgrad erhöht. Um den Stoßdämpfer richtig einzustellen, fährt man am besten im Sitzen die Bordsteinkante hinunter. Bei idealer Einstellung wippt das Rad genau einmal nach.

Tipp!

Die optimale Abstimmung eines gefederten Fahrrads erfordert viel Geduld – dabei nie die Einstellungen von Federgabel und Stoßdämpfer gleichzeitig verändern.

Der Lenker muss passen

Der Lenker ist mit entscheidend für die Sitzposition auf dem Rad. Diese wiederum hat großen Einfluss auf den Windwiderstand und damit auf die Kraft, die der Fahrer aufwänden muss, um voranzukommen. Nicht ohne Grund hat ein Rennradlenker eine derart gekrümmte Form, damit der Fahrer eine windschnittige Haltung einnehmen kann. Im Gegensatz dazu ist der Lenker eines Mountainbikes sehr breit, damit man auch in schwierigen Geländepassagen die Balance halten kann.

Ein Lenker, der in der Höhe nicht exakt passt, kann durch Drehen etwas verstellt werden. Dazu lockert man einfach die Feststellschraube an der Halterung in der Mitte – manchmal sind es auch zwei – und dreht den Lenker entsprechend nach oben oder unten. Anschließend wird die Schraube wie-

Das Kürzen des Lenkers ist ohne großen Aufwand möglich.

der festgezogen. Da sich dabei auch die Brems- und Schalthebel nach oben bzw. unten verdreht haben, werden deren Befestigungsschrauben ebenfalls gelockert, die Hebel wieder in die richtige Position gebracht und die Schrauben festgezogen. Sollte diese Maßnahme nicht ausreichen, die richtige Lenkerposition zu finden, hilft nur der Austausch des Lenkers oder des Vorbaus (siehe folgender Abschnitt »Verstellbarer Vorbau«).

Neben der richtigen Höhe spielt auch die richtige Lenkerbreite eine wichtige Rolle: Ist der Lenker zu breit, besteht Gefahr, an einem Hindernis am Fahrbahnrand hängen zu bleiben. Ist der Lenker zu schmal, verkrampfen die Schultern während einer längeren Tour. Ein zu schmaler Lenker kann nur gegen einen breiteren ausgetauscht werden, ist er jedoch zu breit, lässt er sich mit Ausnahme des Rennlenkers einfach kürzen. Dazu lockert man zunächst alle Bremssowie Schalthebel und schiebt sie in Richtung Mitte. Danach werden die Haltegriffe abgezogen. Das jetzt frei zugängliche Rohr lässt sich mit einer Metallsäge problemlos an beiden Enden absägen, außer es besteht aus Materialien wie Titan oder Karbon. Anschließend entgratet man die Schnittflächen sorgfältig mit einer Feile, schiebt die Haltegriffe wieder hinauf und schraubt die Hebel an ihrer richtigen Position fest.

Tipp!

Insbesondere beim Rennrad werden die Lenkerenden mit Lenkerband umwickelt. Meist löst sich das Band nach einiger Zeit am äußeren Ende. Um dies zu vermeiden, empfiehlt es sich, das Lenkerende zuvor mit einem doppelseitig klebenden Teppichband zu umwickeln. Danach hält das Lenkerband wesentlich besser.

Fester Vorbau (links) und verstellbarer Vorbau (rechts) im Vergleich

Verstellbarer Vorbau Es gibt Fälle, bei denen sich der Lenker auch durch Verdrehen nicht in eine bequeme Position bringen lässt. Als Alternative zum Lenkertausch bietet sich das Auswechseln des Vorbaus an. Der Vorbau ist durch Öffnen der Schrauben an der Lenkerklemme und auf der gegenüberliegenden Seite am Gabelschaft leicht auszubauen. Entsprechend der gewünschten Höhe besorgt man sich im Fachhandel den passenden Vorbau (Kostenpunkt ca. 20 €) und baut ihn ein.

Info!

Für ganz Unentschlossene, oder wenn mehrere Personen mit extrem unterschiedlichen Sitzpositionen das gleiche Fahrrad abwechselnd benutzen wollen, gibt es auch verstellbare Vorbauten (Kostenpunkt ca. 40–50 €).

Die Bremsen sind sehr wichtig

Leider verringert immer der nächste Anstieg automatisch die oft mühevoll erreichte Geschwindigkeit des Fahrrads. Manchmal ist es jedoch erforderlich, das Tempo von Hand zu verringern oder das Rad zum Stillstand zu bringen – insbesondere wenn ein unvorhergesehenes Hindernis auf der Fahrbahn auftaucht. Die richtige Bremstechnik sollte man in

Ruhe einüben, beispielsweise auf einem leeren Parkplatz oder an einer Stelle, wo keine anderen Verkehrsteilnehmer unterwegs sind. Optimale Bremswirkung erzielt man mit beiden Bremsen, die Arme sind dabei gestreckt, das Körpergewicht ist möglichst weit nach hinten verlagert, die Bremsverteilung liegt bei etwa 70 Prozent vorn und 30 Prozent hinten. Sobald ein Rad zu blockieren beginnt, wird die Bremse wieder leicht gelöst.
Das Verringern der Geschwindigkeit erfolgt, indem zwei Bremsklötze über ein Hebelsystem von beiden Seiten gegen die Felge gedrückt werden und somit die Radumdrehung verlangsamen. Seit einigen Jahren ist die Scheibenbremse dazugekommen. Sie spielt hauptsächlich beim Mountainbiken eine Rolle, wo steile Abfahrten eine hohe Bremsleistung erforderlich machen.
Die Felgenbremsen sind in unterschiedliche Typen eingeteilt, dabei sind die klassischen Mittel- und Seitenzugbremsen kaum noch vertreten. An ihre Stellen treten aufgrund besserer Bremsleistung die Cantileverbremse und die V-Brake. Da alle genannten Systeme im Prinzip sehr ähnlich funktionieren, gibt es bei der Reparatur und Wartung kaum Unterschiede. Bei der Hydraulikbremse wird die Kraft vom Bremshebel anstelle eines Bowdenzugs über eine Ölleitung zum Bremsarm übertragen.

Wichtig!

Um das Nachlassen der Bremsleistung zu vermeiden, ist eine regelmäßige Überprüfung der Bremsen unbedingt notwendig.

Öffnen der Bremse Der erste Schritt zum leichteren Austausch der Bremsklötze ist das Öffnen der Bremse. Anschließend lassen sich beide Bremsarme nach außen klappen, und die Bremsklötze sind besser zugänglich.
Im ersten Schritt wird der Bowdenzug durch Drehen der Rändelschrauben am Bremshebel und an

Die Mittelzugbremse

Im Gegensatz zur konventionellen Seitenzugbremse (links) entwickelt die moderne V-Brake (rechts) deutlich mehr Bremskraft.

der Bremse gelockert. Bei den älteren Modellen der Seiten- und Mittelzugbremsen kann die Entlastung auch über einen Exzenterhebel an der Bremse erfolgen.

Bei der Cantileverbremse und der V-Brake drückt man nach dem Lockern des Bowdenzugs die Bremsarme oben zusammen, sodass die Bremsklötze maximal von der Felge entfernt sind. Danach lässt sich der Bowdenzug problemlos aushängen. ***Das Öffnen der Bremse ist auch vor dem Ausbau des Laufrads notwendig. Zum Schließen werden die Handgriffe in umgekehrter Reihenfolge durchgeführt.***

Bremsklötze montieren und ausrichten Viele Radler beschäftigen sich zum ersten Mal gedanklich mit den Bremsklötzen, wenn die Bremswirkung gegen Null geht. Im schlimmsten Fall können abgenutzte Bremsklötze neben dem Problem, die Fahrtgeschwindigkeit zu verringern, auch einen defekten Reifen oder eine kaputte Felge zur Folge haben. Bremsklötze sind verschlissen, wenn das eingearbeitete Profil abgenutzt ist. Beim Neukauf ist darauf zu achten, dass die

Bremsklötze zur Felge passen. Je nachdem, ob es sich um eine Stahl- oder Aluminiumfelge handelt, sind andere Bremsklötze erforderlich. ***Um die optimale Funktion der Bremsen zu erreichen, überprüft man zunächst, ob die Felgen keinen Seiten- bzw. Höhenschlag haben. Gegebenenfalls ist dieser zunächst zu beheben (siehe Kapitel »Felge«). Ist die Felge an der Seite beschädigt, kann dies einen Bremsdefekt nach sich ziehen.***

Das Bremsklötzchen muss parallel zur Felge mit ca. 2 mm Abstand zum Reifen eingestellt sein.

Der Ausbau eines Bremsklötzchens erfolgt bei Seiten- und Mittelzugbremsen durch Lösen der Befestigungsmutter direkt am Bremsklötzchen, bei der Cantileverbremse und der V-Brake ist es in eine Haltung eingeklemmt, die durch Aufdrehen der Inbusschraube geöffnet wird.
Beim Einbau zieht man die Befestigungsschraube zunächst nur leicht an, um anschließend das Bremsklötzchen in seiner Lage auszurichten. Der Bremsgummi muss parallel zur Felge stehen, und die Oberkante sollte einen Abstand von mindestens zwei Millimeter zum Reifen einhalten. Zur Kontrolle drückt man das Bremsklötzchen gegen die Felge, hält es dann mit einer Hand fest und zieht die Befestigungsschraube fest an.

Bremshebel einstellen Sofern nicht schon beim Öffnen der Bremse geschehen, dreht man die Rändelschraube zum Regulieren des Bowdenzugs ganz an den Bremshebel heran. Anschließend wird der Bowdenzug wieder eingehängt. Unter Umständen ist dieser nach dem Einbau neuer Bremsklötzchen noch etwas zu kurz. In diesem Fall wird die Befestigung am Bremsarm gelockert und der Bowdenzug entsprechend verlängert.

Sobald der Bowdenzug eingehängt ist, dreht man so lange an der Rändelschraube, bis die Bremsklötzchen etwa 2 Millimeter Abstand von der Felge haben. Sofern man zuvor bereits darauf geachtet hat, dass die Felge frei von Höhen- und Seitenschlag ist, lässt sich jetzt das Laufrad drehen, ohne die Bremsklötzchen zu berühren.

Bremsen mittig stellen Es kommt öfter vor, dass ein Bremsklötzchen näher an der Felge dran ist als das gegenüberliegende. Bei der Seitenzugbremse findet man neben der Rückholfeder am Bremsarm eine Schraube, mit der man durch Rechts- bzw. Linksdrehen die Bremse mittig stellen kann. Bei der Mittelzugbremse geschieht dies durch Lösen der Befestigungsmutter an der Bremse, Ausrichten der Bremsarme auf die Mitte und Festziehen der Befestigungsmutter. Cantileverbremse und V-Brake haben jeweils außen an einem der beiden Bremsarme eine kleine Madenschraube, mit der sich je nach Bauart entweder mit einem Kreuzschlitzschraubenzieher oder einem kleinen Inbusschlüssel die Bremse mittig stellen lässt.

Wichtig!

Nach dem Austausch der Bremsklötzchen sind an einer ungefährdeten Stelle unbedingt eine Reihe von Probebremsungen durchzuführen.

Bowdenzüge austauschen Beim Wechseln der Bremsklötzchen bietet sich ein Überprüfen der Bowdenzüge an. Sind diese an irgendeiner Stelle angerostet oder verschlissen, werden sie gleich mit ausgetauscht. Dazu löst man als Erstes die Befestigungsschraube am Bremsarm und lockert den Bowdenzug etwas. Anschließend hängt man den Nippel am anderen Ende des Bowdenzugs am Bremshebel aus und zieht den kompletten Zug langsam heraus, wobei man sich den Zugverlauf für den Wiedereinbau einprägt.
Jetzt werden sämtliche Hüllen und Umlenkrollen gereinigt und gefettet. Anschließend fädelt man den neuen Bowdenzug am Lenkerhebel ein, schiebt ihn bis zur Bremse durch und zieht am hinteren Ende die Befestigungsschraube wieder fest. Der überstehende Rest des Bowdenzugs wird mit einer

Bowdenzüge austauschen

Spezialzange (Fahrradhändler) abgeschnitten. Damit sich das Ende nicht aufdröseln kann, schützt man es mit einem Metallkäppchen, das man anschließend mit einer Zange zusammendrückt, damit es nicht herunterfallen kann.

Die Wahl der Schaltung

Komplett ohne Schaltung ist heute kaum ein Rad vorstellbar. Die wenigen Ausnahmen sind im sportlichen Bereich zu finden, beispielsweise bei einigen Bahnrad-Disziplinen, beim Kunstrad-Fahren oder beim Radball. Ansonsten reicht die Palette der Schalträder vom einfachen Dreigang-Cityrad bis zu den Mountainbikes mit 27 Gängen. Während man bei drei Gängen nur die Wahl zwischen leicht, mittel und schwer hat, ist die Abstufung bei mehr Gängen entsprechend feiner. Damit kann der Radler besser auf die Gegebenheiten der Fahrstrecke reagieren und mit seiner Energie optimal haushalten.

Info!

Generell gilt: Je höher der eingelegte Gang auf derselben Strecke ist, umso mehr Kraft muss aufgewendet werden. Umgekehrt lassen sich kleinere Gänge leichter treten, erfordern aber durch die höhere Drehzahl mehr Kondition. Für den Hobbyradler ist eine Frequenz der Tretkurbeln zwischen 40 und 60 Umdrehungen pro Minute üblich.

Prinzipiell gibt es zwei unterschiedliche Schaltungsarten, die Ketten- und die Nabenschaltung. Bei der Nabenschaltung ist das so genannte Planetengetriebe komplett in der Hinterradnabe untergebracht. Die einzelnen Gänge werden über einen Schaltzug eingestellt.

Bei der Kettenschaltung gibt es an der Hinterradnabe ein Ritzelpaket mit bis zu neun unterschiedlich großen Zahnkränzen sowie zwei oder drei verschiedene Kettenblätter am Tretlager. Mithilfe von zwei Schalthebeln verschiebt der Fahrer die Kette auf den Zahnkränzen und verändert so die Gangstellung.

Die Kettenschaltung, die hauptsächlich bei Mountainbikes und Rennrädern zum Einsatz kommt, bietet gegenüber der Nabenschaltung einige Vorteile, die insbesondere für das schnelle Vorankommen ausschlaggebend sind. Sie ist

- leicht im Gewicht
- hat nur geringe Reibungsverluste
- umfangreich in den Übersetzungsmöglichkeiten
- gut zugänglich für Wartung und Reparatur
- nachträglich leicht umbaubar
- günstig im Preis

Dem gegenüber kann die Nabenschaltung Vorteile aufweisen hinsichtlich

- geringem Verschleiß an Ketten und Kettenblättern
- wenig Wartungsaufwand
- Verschmutzung und Vermeidung von Sturzschäden durch geschlossene Bauweise

Info!

Die Kettenschaltung bietet dem sportlich ambitionierten Radler mehr Möglichkeiten zur Entfaltung, erfordert dafür mehr Pflege und Wartung. Die Nabenschaltung hingegen passt eher für einen ruhigeren und gemütlicheren Fahrstil und steht für einen wartungsarmen »lebenslangen« Betrieb.

Einstellung der Kettenschaltung Sobald sich ein bestimmter Gang gar nicht mehr einlegen lässt oder die Kette beim Schalten sogar herunterfällt, muss die Schaltung neu eingestellt werden. Diese Arbeit ist mit etwas Geduld und einem Kreuzschlitzschraubendreher problemlos zu erledigen. Sehr hilfreich ist dabei, wenn man das Rad an einem Reparaturständer befestigen kann, damit die Pedale und das Hinterrad uneingeschränkt bewegt werden können. Notfalls hilft es auch, wenn eine zweite Person das Hinterrad etwas anhebt. Zur Einstellung gibt es hinten am Schaltwerk zwei übereinander liegende Kreuzschlitzschrauben. Die obere reguliert den Schaltungsbereich außen am Rahmen. Sie ist bei den meisten Schaltungen mit »H« oder »High« bezeichnet, und ihre Einstellung sorgt dafür, dass die Kette exakt auf dem kleinsten Ritzel liegt, mit dem der »höchste« Gang gefahren wird. Die untere Einstellschraube mit der Bezeichnung »L« oder »Low« reguliert die Lage der Kette innen am Laufrad auf dem größten Ritzel, mit dem der niedrigste Gang gefahren wird.
Vorne am Umwerfer gibt es analog dazu ebenfalls zwei Kreuzschlitzschrauben, die von oben gesehen nebeneinander angebracht sind. Die näher am Rahmen liegende Einstellschraube ist mit »H« oder »High« bezeichnet und für die Kettenstellung am größten Kettenblatt zuständig. Die mit »L« oder »Low« gekennzeichnete äußere Einstellschraube verändert die Lage der Kette am kleinsten Kettenblatt.

Die beiden Einstellschrauben am Umwerfer (links) und am Schaltwerk (Mitte). Das Verstellen erfolgt mit einem Kreuzschlitzschraubendreher (rechts).

In den ersten beiden Schritten wird die Schaltung hinten am Schaltwerk eingestellt, danach wendet man sich dem Umwerfer zu.

Erster Schritt Zunächst legt man die Kette ganz nach außen, sprich vorne auf das größte Kettenblatt und hinten auf das kleinste Ritzel. Gelingt das hinten nicht, wird die H-Schraube am Schaltwerk etwas herausgeschraubt. Anschließend dreht man die H-Schraube so lange hinein, bis die beiden Umlenkungsrollen und das kleinste Ritzel von hinten gesehen exakt in einer Linie stehen. Zur Kontrolle schaltet man beim Drehen der Kurbel die Kette hinten vom zweitkleinsten auf das kleinste Ritzel. Dabei muss die Kette jetzt exakt auf das kleinste Ritzel springen. Bewegt sie sich zu nahe an den Rahmen heran, dreht man die H-Schraube etwas rein und wiederholt den Vorgang so lange, bis es passt.

Zweiter Schritt Jetzt legt man die Kette ganz nach innen, das heißt vorne auf das kleinste Kettenblatt und hinten auf das größte Ritzel. Sollte das nicht ganz gelingen, wird die L-Schraube etwas herausgedreht. Jetzt dreht man so lange an der L-Schraube, bis die beiden Umlenkungsrollen und das größte Ritzel von hinten gesehen exakt in einer Linie stehen. Bei der nachfolgenden Schaltkontrolle muss die Kette beim Drehen der Kurbel jetzt hinten vom zweitgrößten exakt auf das größte Ritzel springen. Geht sie zu nahe an das Laufrad heran, dreht man die L-Schraube etwas rein und wiederholt den Vorgang so lange, bis es passt.

Dritter Schritt Die Kette wird jetzt wieder komplett nach innen gelegt und befindet sich vorne auf dem kleinsten Kettenblatt und hinten auf dem größten Ritzel. Wenn das vorne nicht ganz gelingt, dreht man die L-Schraube am Umwerfer etwas heraus. Anschließend verstellt man die L-Schraube so lange, bis zwischen dem inneren Führungsblech und dem kleinsten Kettenblatt ein Abstand von ca. 2 mm besteht. Zur Kontrolle schaltet man vorne beim Drehen der Kurbel vom mittleren aufs kleinste Kettenblatt und verstellt gegebenenfalls die L-Schraube, bis die Kette exakt springt.

Vierter Schritt Abschließend kommt die Kette vorne auf das größte Kettenblatt und hinten auf das kleinste Ritzel, also ganz nach außen. Sollte das vorne nicht gelingen, wird die H-Schraube am Umwerfer etwas herausgeschraubt. Danach verstellt man die H-Schraube so, dass die Kette am äußeren Führungsblech gerade nicht mehr schleift. Zur Kontrolle muss die Kette beim Drehen der Kurbel exakt springen, wenn man vorne vom mittleren aufs größte Kettenblatt schaltet. Ansonsten verstellt man die H-Schraube, bis es korrekt funktioniert.

Tipp!

Es kann vorkommen, dass das Führungsblech bei einem Sturz etwas verbogen ist. In diesem Fall richtet man es vor dem Verstellen der L- und H-Schraube mit einer Zange so aus, dass es parallel zur Kette liegt.

Fünfter Schritt Über die Distanzschraube wird das Führungsrädchen möglichst nahe an das hintere Ritzelpaket herangebracht. Diese Distanzschraube liegt hinten am Schaltwerk etwas oberhalb der beiden L- und H-Schrauben. Zum Einstellen legt man die Kette vorne auf das größte Kettenblatt und hinten auf das kleinste Ritzel und verstellt die Distanzschraube, bis sich Ritzel und Führungsrädchen gerade nicht berühren. Beim Umlegen der Kette vorne auf das kleinste Kettenblatt und hinten auf das größte Ritzel darf ebenfalls keine Berührung stattfinden. Notfalls wird das Schaltwerk über die Distanzschraube noch etwas weiter nach hinten gestellt.

Sechster Schritt Besonders nach dem Einziehen eines neuen Schaltzugs oder kurz nach dem Neukauf kommt es vor, dass die Gänge nur schwer einrasten. Das kommt daher, dass sich der Schaltzug beim Gebrauch noch etwas dehnt. In diesem Fall legt man die Kette vorne auf das kleinste Kettenblatt und hinten auf das größte Ritzel (kleinster Gang). Dann spannt man den Zug, indem man die Kabeleinstellschrauben am Schaltwerk bzw. am Schalthebel etwas herausdreht. Sollte dies nicht ausreichen, wird der Schaltzug an der Festschraube gelöst, etwas angezogen und wieder festgeklemmt.

Tipp!

Zu erkennen ist ein zu langer Schaltzug daran, dass er vorne am Umwerfer locker durchhängt, wenn die Kette auf dem kleinsten Kettenblatt liegt. Hinten am Schaltwerk darf der Zug nicht durchhängen, wenn die Kette auf dem kleinsten Ritzel ist.

Einstellung der Nabenschaltung Im Gegensatz zur Kettenschaltung muss bei einer Nabenschaltung jedes Mal der Schaltzug gelöst werden, wenn das Hinterrad ausgebaut wird. Daher ist hier öfters eine Neueinstellung erforderlich. Bei der Dreigang-Nabe wird in den meisten Fällen die Verbindung über eine Fixierhülse hergestellt, die einfach auf das Ende des Zugkettchens gesteckt ist. Der Schalthebel steht dabei auf dem dritten Gang, und die Fixierhülse wird draufgeschoben, bis der Seilzug gestrafft ist.
Die Schaltungen mit mehr Gängen haben in der Regel eine so genannte Clickbox, die nach Lösen einer Befestigungsschraube komplett mit dem Seilzug vom Achsenende gezogen wird. Beim Aufstecken bleibt die Einstellung erhalten, sofern man den beim Abziehen vom Hersteller angegebenen Gang (meist 4. oder 5.) nicht zwischendurch verstellt hat.

Info!

Für die korrekte Einstellung hat jeder Hersteller ein eigenes Verfahren, das in der Regel darin besteht, dass zwei Markierungen mithilfe einer Einstellschraube zur Deckung gebracht werden müssen.

Austausch des Schaltzugs Erst wird die Kette auf den kleinsten Gang gelegt (vorne kleinstes Kettenblatt, hinten größtes Ritzel). Damit ist der Schaltzug entspannt. Nach dem Entfernen der Aluminiumhülle am äußeren Ende wird der Schaltzug zunächst am Umwerfer bzw. am Schaltwerk durch Aufdrehen der Befestigungsschraube gelöst und aus der Hülse herausgezogen. Dabei muss man sich unbedingt den Zugverlauf für den anschließenden Wiedereinbau merken. Dann zieht man den gerissenen oder beschädigten Schaltzug mit dem Nippel voran aus dem Schalthebel. Bei einigen Schalthebeln muss dafür zuerst die Abdeckplatte abgeschraubt werden.
Beim Einbau geht man in umgekehrter Reihenfolge vor. Zunächst wird der Schaltzug beim Schalthebel eingefädelt und dann Schritt für Schritt durch die Hülsen und Um-

Dieser Schaltzug gehört unbedingt ausgetauscht.

lenkrolle bis zum Schaltwerk bzw. Umwerfer verlegt. Abschließend wird der Schaltzug straff befestigt. Das überstehende Ende schneidet man auf ca. 4–5 cm Länge ab und sichert es gegen Aufspleisen mit einer neuen Aluminiumhülle, die nach dem Aufstecken durch Quetschen mit einer Zange festgeklemmt wird.

Die Wahl des richtigen Reifens

Wer mitunter Formel-1-Rennen im Fernsehen verfolgt, kennt das Thema »Reifendiskussion« zu genüge. Beim Fahrrad sind die Pneus nicht ganz so bedeutsam, dennoch lohnt es sich, bei der Wahl über die Unterschiede Bescheid zu wissen. Grundsätzlich gilt, je schmaler ein Reifen und je höher sein Luftdruck ist, umso geringer wird der Rollwiderstand. Der Idealfall sind 28 mm breite profillose Reifen, die mit über 6 bar aufgepumpt sind. Sie rollen extrem leicht und fast geräuschlos über den Asphalt, an eine Fahrt im Regen oder abseits der Straße ist jedoch nicht zu denken. Der andere Extremfall sind Stollenreifen mit 6 cm Breite und einem Luftdruck von knapp 2 bar. Ein Mountainbiker kann damit selbst matschige Anstiege oder Ausflüge in den Sand meistern. Auf Asphalt hingegen würde das Rad »schwimmen« und einen enormen Kraftaufwand beim Vorwärtskommen erfordern.

Jeder Fahrradhändler hat genügend Reifen zur Auswahl.

Wichtig!

Bei der Wahl des passenden Reifens kommt es in erster Linie auf den geplanten Einsatz des Rads an. Wer ausschließlich auf Asphalt fährt, tendiert zu einem schmalen Reifen mit wenig Profil. Wer hingegen ständig im Gelände unterwegs ist, wird einen breiten grobstolligen Reifen wählen. Als Kompromiss bietet sich ein Allroundreifen an, der im Prinzip beide Eigenschaften bis zu einem gewissen Grad vereint.

Ein anderer Aspekt bei der Reifenwahl gilt der Pannensicherheit. Hier hat sich bei den Reifenherstellern in letzter Zeit viel getan. Durch die geschickte Anordnung mehrerer unterschiedlicher Materialschichten gibt es Reifen, bei denen selbst Glasscherben nicht mehr bis zum empfindlichen Schlauch durchdringen.

Tipp!

Die so genannten pannensicheren Reifen sind zwar etwas schwerer und teurer als herkömmliche Produkte, doch wenn man bedenkt, wie nervtötend ein Platten manchmal sein kann, lohnt sich die Anschaffung in jedem Fall.

Reifen demontieren Im ersten Schritt wird die Luft komplett abgelassen. Dazu schraubt man zunächst die Staubkappe ab. Beim Presta-Ventil – dem so genannten französischen Ventil – öffnet man die kleine Rändelschraube an der Spitze und drückt dann die Spitze hinein. Beim Schraeder-Ventil, das dem Autoventil entspricht, drückt man mit einem spitzen Gegenstand auf den kleinen Stift im Innern des Ventils, bis die Luft entwichen ist. Dieses Ventil kann danach gleich durch das Felgenloch geschoben werden. Beim Presta-Ventil muss hingegen zuvor die silberfarbene Ventilmutter heruntergeschraubt werden. Durch Zusammendrücken der Reifenwände wird nun der Reifenwulst vom Felgenrand gelöst, bis der Reifen nur noch lose auf der Felge sitzt.

Bequem zu handhaben und manchmal die letzte Chance: Der Reifenheber von Rose.

Das Abheben des Reifens von der Felge erfolgt im einfachsten Fall von Hand, indem man den Reifen seitlich herabzieht. Bei hartnäckigen Reifen ist ein Montierhebel erforderlich, den man zwischen Reifen und Felge klemmt und dann den Reifen herunterhebelt. Dabei ist darauf zu achten, dass der Schlauch nicht eingeklemmt und dadurch beschädigt wird. Um das Ventil zu schützen, setzt man den Montierhebel am besten auf der entgegengesetzten Seite an.

Wichtig!

Anstelle des Reifenhebels darf in keinem Fall ein Schraubendreher oder ein anderes scharfkantiges Werkzeug verwendet werden.

Tipp!

Reifen montieren ***Vor der Reifenmontage empfiehlt es sich, das Felgenband auf korrekten Sitz zu überprüfen.*** Zuerst wird der Schlauch etwas aufgepumpt, damit er leichter zu handhaben ist, danach legt man ihn komplett in den Reifen hinein. Jetzt steckt man das Ventil durchs Ventilloch und schraubt die Haltmutter soweit zu, dass das Ventil nicht mehr zurückrutschen kann. Danach legt man den Reifenwulst um das Ventil herum auf die Felge und drückt dann von Hand die eine Reifenseite komplett über den Felgenrand. Anschließend dreht man das Laufrad und beginnt wieder beim Ventil auch die andere Seite des Reifens über den Felgenrand zu drücken. Dabei ist darauf zu achten, dass der Schlauch nicht eingeklemmt wird, und dass das Ventil nicht schräg sitzt. Anschließend pumpt man den Reifen auf, zieht die Haltmutter des Ventils fest und schraubt die Staubschutzkappen auf.

Tipp!

Besonders neue Reifen erweisen sich oft als störrisch und sind auch mit größter Kraftanstrengung nicht auf die Felge zu bekommen. Als ideale Hilfe hat sich hier das universelle Radwerkzeug (Reifenheber »Einer statt drei«, ca. 7,50 €) von Radsport Rose (www.rose.de) erwiesen, mit dem sich selbst hartnäckigste Reifen aufgrund einer ausgeklügelten Hebeltechnik aufziehen lassen. Darüber hinaus kann man den besonders langen Hebel auch hervorragend zur Demontage benutzen. Etwas Besseres gibt es nicht auf dem Markt.

Der Schlauch hält die Luft

Der Schlauch zählt zu den empfindlichsten Komponenten des Fahrrads, ein spitzer Stein reicht unter Umständen aus, um den gefürchteten Plattfuß zu verursachen. Um in diesem Fall nicht unnötig viel Zeit zu verlieren, sollte man unbedingt immer einen intakten Ersatzschlauch dabeihaben.

Wichtig!

Beim Kauf des Schlauchs ist darauf zu achten, dass er mit der Reifengröße übereinstimmt.

Wer in der Lage ist, im Fall eines defekten Schlauchs das Problem durch einen Ersatzschlauch zu beheben, kann die Flickarbeit in Ruhe zu Hause erledigen – ansonsten gilt es vor Ort, den Schlauch zu flicken.

Der erste Arbeitsgang gilt dem Aufspüren der undichten Stelle, wobei in den meisten Fällen detektivisches Gespür angesagt ist. Bisweilen kann man sich von der Fahrweise den Defekt herleiten, wenn man beispielsweise kleine Glasscherben auf der Fahrbahn zu spät erkannt hat. In diesem Fall sieht man oft den Übeltäter noch außen im Reifen stecken und kann so leicht die betroffene Stelle finden. Schwieriger

Feststellen der Schadstelle (oben links), Aufrauen mit Schleifpapier (oben rechts), Kleber dünn auftragen (unten links) und sobald der Kleber trocken ist den Flicken aufbringen (unten rechts).

wird es, wenn auf Anhieb keine äußeren Beschädigungen erkennbar sind. Dann wird zunächst der ausgebaute Schlauch mit der Pumpe wieder mit Luft gefüllt. Wenn es rundherum leise ist, kann man häufig schon ein leichtes Zischen hören und damit das Loch identifizieren. Andernfalls kann man auch den Schlauch in die Nähe der Wangen oder Lippen halten und so vielleicht den entweichenden Luftstrom spüren. Letzte Möglichkeit ist das Eintauchen des Schlauchs in Wasser, wo man dann die ausströmenden Luftblasen leicht erkennen kann.

Es empfiehlt sich, vor dem Ausbau des Reifens seine Position zum Ventil zu markieren. Damit kann nach dem Auffinden des Lochs im Schlauch der Reifen an der entsprechenden Stelle auf eventuell eingedrungene scharfkantige Teile hin untersucht werden. Diese sind vor der Montage unbedingt zu entfernen.

Auch eine Möglichkeit, um zu testen, ob die Luft im Schlauch auch wirklich hält …

Sobald das Loch gefunden ist, wird der trockene Schlauch in einem Bereich, der etwas größer ist als der Flicken, um die schadhafte Stelle herum mit Schleifpapier aufgeraut. Anschließend wird die raue Stelle gesäubert und mit sauberen Fingern etwas Kleber gleichmäßig dünn aufgetragen. Die bestrichene Stelle muss anschließend trocknen, wobei sie nicht mehr berührt werden darf.

Danach zieht man den Flicken von der Metallfolie und presst ihn vollständig auf die getrocknete Stellen, wobei man den Schlauch am besten auf eine harte, glatte Unterlage legt und den Flicken mit dem Daumen fest von der Mitte nach außen reibt.

Man lässt jetzt den Flicken einige Minuten aushärten und knickt dann den Schlauch an der reparierten Stelle, sodass die Plastikfolie über dem Flicken reißt; die Reste werden vorsichtig entfernt.

Tipp!

Vor dem Einbau wird der Schlauch aufgepumpt. Man überprüft dann zum einen, ob der Flicken dicht ist, und zum anderen, ob sich nicht an anderer Stelle ein weiteres Loch befindet.

Empfohlener Reifendruck	
Normalrad vorne	2–3 bar
Normalrad hinten	2,5–3,5 bar
Mountainbike im Gelände	2–3 bar
Mountainbike auf der Straße	3–4 bar
Rennrad	6–9 bar

Hinweis: Der auf der Reifenflanke angegebene Höchstdruck darf nicht überschritten werden. Manchmal ist die Angabe in »psi«, zum Beispiel »Inflate to 100 psi«. Umgerechnet sind diese 100 psi etwa 6,9 bar.

Rundes Fahren mit intakter Felge

Jeder Freizeitradler freut sich, wenn er mit möglichst geringem Kraftaufwand eine möglichst hohe Geschwindigkeit erzielt. Damit das Laufrad richtig in Schwung kommt und sich der Spaß beim Radeln mit optimal übertragenen Beschleunigungs- und Bremskräften voll entfalten kann, bedarf es einer intakten und voll funktionsfähigen Felge. Dabei ist das Gewicht der Felge nicht unbedingt entscheidend für die Antriebskraft: Eine relativ leichte Felge beschleunigt zwar schneller, eine schwerere hingegen besticht durch die ergiebige Laufruhe und ist – mal in Schwung gekommen – schwerer zu bremsen.

Das Laufrad kommt nur mit einer intakten Felge in Fahrt.

Felgenauswahl im Fahrradgeschäft

Auch die Felge will gepflegt sein Doch vor allem benötigt die Felge ein besonderes Maß an Aufmerksamkeit und Pflege. Nachdem im Vorderrad die Brems- und Lenkkräfte stärker als im Hinterrad wirken, ist sie dort aufgrund der größeren Belastung anfälliger. Wer bei Bergabfahrten oder Geländeritten häufig die Bremse betätigt, nutzt die Felgenflanke also insbesondere am Vorderrad ab. Verstärkt wird der Abnutzungsprozess übrigens durch Schmutz auf dem Gummi, der sich durch kleinste Sand- und Staubpartikel bilden kann. In gewissen Zeitabständen sollte man also Mantel und Schlauch von der Felge abziehen und die Felge prüfen bzw. säubern. Bei dieser Gelegenheit kann man übrigens mittels Messgerät gleich bei jenen Laufrädern den Felgenverschleiß feststellen, bei denen der Hersteller entsprechende Indikatoren eingebaut hat. Dass die Felgenflanken bei feuchter Witterung und im Gelände rasch verdrecken und somit nur eine stark verminderte Bremskraft zulassen, ist jedem Hobbyradler bekannt.

Info!

Bei extremer Felgenverschmutzung reibt man die Flanken und Beläge mit Spiritus ab, damit die Bremsen wieder richtig greifen.

Gefahr bei Felgenbruch Da die Felge vor allem im schweren Gelände zahlreichen unkontrollierten Schlägen ausgesetzt ist, droht im schlimmsten Fall ein Felgenriss oder gar Felgenbruch. Ein solches Missgeschick führt in der Regel zum sofortigen Abbruch der Tour, da die Bremswirkung nicht mehr gewährleistet ist.

Tipp!

Wenn Sie viel im Gelände unterwegs sind, erkundigen Sie sich bei Ihrem Fachhändler nach einer möglichst stabilen Felge mit niedrigem Profil und eventuell polygonaler Form, die eine perfekte Anpassung an Naben und Bremsen ermöglicht.

Der Laufradtest in Augenhöhe

Wenn das Laufrad an der Bremse schleift Weniger frappierend wirkt sich der berüchtigte Achter aus, der durch einen vehementen Seitenschlag – z. B. durch abruptes Anfahren eines Randsteins – entsteht. Dabei lockern sich im Normalfall eine oder mehrere Speichen, wodurch das Laufrad hin und her eiert und an den Bremsklötzen schleift. Dieser Mangel wird mit dem Zentrierschlüssel behoben (siehe »Zentrieren der Speichen«). Im fortgeschrittenen Stadium des Schleifprozesses sollte man nicht mehr fahren, da das Laufrad möglicherweise blockieren könnte. Doch aufgepasst: Schleift die Felge gleichmäßig mit nur einer Seite an der Bremse, ist nicht der Achter dafür verantwortlich, sondern meist das nicht richtig eingerastete Laufrad. In diesem Fall stellt man das Fahrrad gerade auf den Boden, öffnet die Schnellspanner und versucht durch Drücken, die Nabe vollends in das Ausfallende rutschen zu lassen.

Speichen reagieren sensibel

Jede einzelne Speiche muss in einem rollenden Rad Zugkraft aufnehmen. Wie hoch diese ist, hängt u. a. von der Anzahl der montierten Speichen ab. Je mehr Speichen, desto geringer wird die einzelne belastet. Im Regelfall wird ein Fahrrad mit 36 Speichen bestückt. Wenn sich auch nur eine Speiche lockert oder gar bricht, ändern sich sofort die Spannungsverhältnisse im Laufrad. Der durch Seitenschlag verursachte Achter schleicht sich selbst im Alltag ein, ohne dass der Fahrer bewusst Notiz davon nimmt. Je schwerer der Radfahrer und je holpriger der Straßenbelag ist, desto rascher lockern sich automatisch die Speichen in den Laufrädern. Schon bei Registrierung der ersten Unregelmäßigkeiten sollte man sich an das Zentrieren der Speichen machen, um einem etwaigen Felgenbruch entgegenzuwirken. Ist die Felge durch den Speichendruck bereits in Mitleidenschaft gezogen oder muss das Rad gar komplett neu eingespeicht werden, droht eine aufwändige Reparatur beim Fachhändler.

Info!

In der Regel sollte man sein Laufrad alle 500 Kilometer oder einmal im Jahr auf etwaige Achtersymptome hin untersuchen. Dabei kann man das Rad gleich einer allgemeinen Inspektion unterziehen.

Das Zentrieren der Speichen Um es gleich vorwegzunehmen: Das Zentrieren der Speichen erfordert Konzentration und Übung, doch kleinere Ausschläge lassen sich durchaus selbst beheben. Zunächst hilft der Klangtest weiter: Wer einen metallenen Gegenstand – zum Beispiel einen Schraubenzieher – gegen die Speichen des sich drehenden Laufrads hält, kann anhand der Klangabweichung die Schwachstellen identifizieren und mit einem Klebestreifen markieren. Auch optisch ist beim Blick auf den sich verändernden Abstand zwischen Felge und Bremsklotz erkennbar, wo das Rad die größten Ausschläge hat. Orientiert sich die Felge nach links, muss die Speiche an der rechten Seite angezogen werden und umgekehrt. Dabei sollte man die kritischen Speichennippel zunächst nur jeweils um eine halbe Umdrehung anziehen und den Vorgang nach der Kontrolle eventuell wiederholen. Auf diese Weise kann man den gröbsten Schaden unterwegs beheben und die Feinabstimmung zu Hause oder in der Werkstatt auf dem Zentrierständer vornehmen.

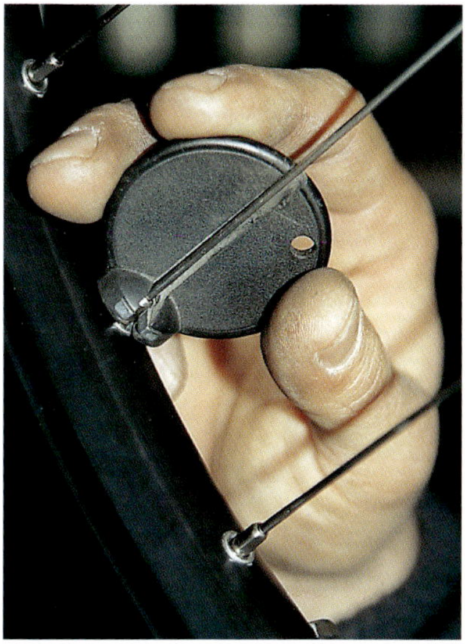

Zentrierschlüssel fachkundig angelegt.

Der Speichenbruch – Vorbeugung und Maßnahmen Etwas schwieriger gestaltet sich die Reparatur beim Speichenbruch. Doch eine derartige Panne kündigt sich meist im Voraus an und kann mit einer gezielten Vorbeugung vermieden werden. Eine mögliche Ursache liegt in der falschen Speichenmontage, wenn z. B. der Speichenkopf versehentlich verkehrt herum an der Seite des Flansches eingesteckt wird; in diesem Fall greift das scharfkantige Speichenloch die Speiche an. Gegen scharfkantige Löcher oder Grate leistet übrigens ein wenig Schleifpapier Abhilfe. Sind zu dünne Speichen montiert, scheuern sie im Speichenloch und drohen ebenfalls zu brechen. Um Speichenkopf und Nabe zu schützen, können kleine Messingunterlegscheiben zwischen Speichenkopf und Nabenflansch gelegt werden. Sie bilden dort ein weiches Polster, auf dem sich der Speichenkopf ruhig einmal bewegen darf.

Wie beim Mikado: Das Einspeichen erfordert viel Fingerspitzengefühl.

Kommt es dennoch zum Speichenbruch, muss zunächst die defekte Speiche sorgfältig aus dem Nippel geschraubt werden, bevor die neue Speiche analog zu den benachbarten Speichen eingesetzt wird. Nicht erschrecken, wenn sich die Speiche beim Einfädeln verbiegt: Beim Anspannen zieht sie sich wieder gerade. Nach der Montage muss um die neue Speiche herum wieder zentriert werden, um den zwangsläufig entstandenen Achter zu korrigieren. Auch die benachbarten Speichen sollte man im Auge behalten, da diese durch den Bruch in der Regel ebenso in Mitleidenschaft gezogen werden.

Wem auf Tour eine Speiche bricht, der kann allenfalls auf ebener Strecke zur Not ein Stück weiterfahren. Bei steilen Abfahrten und mit viel Gepäck hingegen ist an ein weiteres Fortkommen nicht zu denken. Inso-

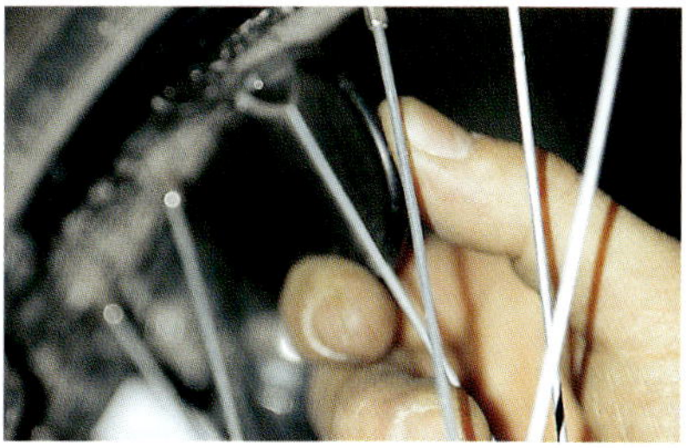

Ruhig Blut, wenn sich die Speiche beim Einfädeln verbiegt: Der Zentrierschlüssel rückt die Verhältnisse wieder gerade.

fern empfiehlt es sich bei längeren Touren, Ersatzspeichen im Gepäck zu haben, die selbstverständlich auf das eigene Rad abgestimmt sein müssen. Die Bestimmung der richtigen Speichenlänge ist jedoch relativ kompliziert, da man hierfür neben dem inneren Durchmesser der Felge sowie der Anzahl an Überkreuzungen und Speichen auch den Lochkreisdurchmesser kennen muss. Allerdings gibt es für die benötigten Speichenlängen bei Kenntnis der Speichenanzahl und Kreuzungsart Richtwerte, die nur um maximal 1 mm abweichen. Wenn alle Stricke reißen, hilft der kompetente Fachhändler beim Errechnen bestimmt weiter.

Info!

Im Handel kann man so genannte Erste-Hilfe-Speichen mit einer Länge von 305 mm erwerben, die entsprechend justierbar bzw. kürzbar sind. Die Gebrauchsanweisung ist zwar in holländischer Sprache verfasst, doch durch die klaren Abbildungen wird die Handhabung verständlich.

Speichen per Hand einziehen Während das maschinell gefertigte Laufrad für den Durchschnittsradler mehr als ausreicht, schwört z. B. der Extrembiker auf das per Hand eingespeichte Modell. Auf diese Weise werden die Speichen

Rechte Seite: Wie breit oder wie gut gepolstert ein Sattel sein muss, hängt von verschiedenen Faktoren ab.

schonend und in der exakt passenden Spannung an die individuellen Bedürfnisse des Fahrers angepasst. Dazu gehört auch die optimale Spannung der Speichen. Der Rennradler etwa bevorzugt hart gespannte Speichen, für das Cityrad hingegen reicht eine deutlich geringere Spannkraft aus. Das individuelle Einspeichen sollte jedoch nur von einer Fachkraft durchgeführt werden.

Bequemer Sattel für mehr Fahrkomfort

Doch selbst ein reibungslos funktionierendes Laufrad garantiert noch keinen Fahrgenuss – wenn der Sattel nicht passt. Jeder kennt die Taubheitsgefühle im Genitalbereich und die schmerzhaften Hinterteile nach längeren Touren. Das Thema ist so brisant, dass manche Sattelhersteller intensiv mit der Deutschen Sporthochschule zusammenarbeiten, um die Erkenntnisse aus sportmedizinischen Untersuchungen unmittelbar in die Produktentwicklung mit einfließen zu lassen. Aus dieser Zusammenarbeit wachsen Begriffe wie der »ergonomisch perfekte Komfortsattel«. Einer dieser Sättel ist der Anti-Impotenz-Sattel, bei dem eine spezielle Vertiefung den weichen Genitalbereich vor Druckstellen und Taubheitsgefühl schützt. Speziell für Frauen ist diese Vertiefung etwas breiter angelegt, um ein schmerzfreies und angenehmes Sitzen zu gewährleisten.

Ergonomisch geformter Sattel von Specialized

Tipp!

Wer bei Berganstiegen gelegentlich aus dem Sattel geht, beugt dem drohenden Taubheitsgefühl vor.

Da man ohne Sitzkomfort das Radeln kaum genießen kann, muss der Sattel peinlich genau ausgerichtet sein. Denn immerhin lastet ein Großteil des Körpergewichts auf einer sehr kleinen Fläche – dem werten Hinterteil. Wenn einem nach der ersten Radtour der neuen Saison der Hintern weh tut,

terry
Touring Line
Sport Line
Race Line
ProRace Line
Komfortsättel
100% Women
100% Men
TOURING
RACE
SPORT

muss dies jedoch noch keine Rückschlüsse auf den Sattel zulassen. Nach einigen weiteren Touren löst sich das Problem manchmal wie von selbst.

Die optimale Fahrposition Um eine möglichst entspannte Körperhaltung zu gewährleisten, muss die Sattelhöhe stimmen. Hierfür sollte man als Erstes überprüfen, ob das Bein bei senkrechter Pedalstellung und aufgestellter Ferse durchgestreckt ist. Bei zu extremer Streckung strapaziert man jedoch seine Kniegelenke. Außerdem sollte man auf dem Sattel sitzend mit den Zehenspitzen den Boden berühren können. Die meisten Räder sind heute mit recht praktisch zu handhabenden Schnellspannverschlüssen versehen, sodass die Sattelhöhe ganz einfach verstellt werden kann. Zu beachten ist lediglich, dass die Sattelstütze mindestens fünf Zentimeter im Rahmen stecken bleiben muss – anhand der Markierung kann man den Grenzwert ausloten. Bei regelmäßigem Geländeeinsatz sollte die Sattelstütze jährlich getauscht werden, vor allem dann, wenn sie bereits verbogen oder beschädigt ist. Eine neue Sattelstütze muss jedoch exakt den gleichen Durchmesser haben wie das alte Exemplar und vor dem Einsatz leicht eingefettet werden.

Achtung! ***Achten Sie darauf, dass der Sattel und sein Untergestell nicht beschädigt sind sowie der Schnellspanner ordnungsgemäß geschlossen ist. Ein brechender oder sich abrupt lösender Sattel kann schwere Verletzungen verursachen. Bemerkt man unterwegs diverse Schäden am Sattel, kann man zur Vorbeugung ein Handtuch oder T-Shirt um den Sattel wickeln.***

Wichtig ist auch, dass das von der Sattelspitze gefällte Lot einige Zentimeter hinter der Tretlagermitte liegt. Trifft das nicht zu, kann man den Sattel durch Lösen der Sattelklemmschrauben horizontal verschieben. Auch der Abstand zum Lenker muss optimal sein, ansonsten leiden neben den Fahreigenschaften auch die Kniegelenke. Bleibt noch, die richtige Neigung auszuloten. Mit der Wasserwaage lässt sich feststellen, ob der Sattel waagrecht auf der Sattelstütze montiert ist. Geringfügige Abweichungen können bereits kleine Wunder bewirken. Wer zum Beispiel bei längeren Anstiegen grundsätzlich Sitzprobleme hat oder gar unter Taubheitsgefühlen im Genitalbereich leidet, sollte es mal mit einer leicht nach unten geneigten Sattelnase probieren. Grundsätzlich gilt, dass am Sattel ebenso wenig gespart werden sollte wie an einem bequemen Wanderschuh.

Achtung!

Die richtige Sattelhöhe ist für die optimale Leistungsübertragung von eminenter Bedeutung. Doch auch die Lenkerhöhe und Lenkerbreite beeinflussen die bequeme Sitzposition.

Welcher Sattel passt zu welchem Typ? Für die Bestimmung des idealen Sattels gibt es kein Patentrezept – so sehr sich die Fahrradindustrie mit immer ausgefeilteren Modellen und Konzepten auch um die Gesundheit der Biker kümmert. Jeder Radler hat seine eigene Anatomie. Und je nach Körperhaltung, Pedaldruck und Körpergewicht drückt der Sattel mehr oder weniger gegen das Schambein im vorderen Bereich oder auf die beiden Gesäßknochen im hinteren Bereich. Bei der Auswahl kommt es in erster Linie auf den Einsatzzweck des Sattels an. Der sportlich orientierte Radler bevorzugt eine Leichtbau-Konstruktion, also eine eher schmalere, leichtere Sitzfläche mit geringer Polsterung, damit je nach Fahrsituation die Sitzposition geändert werden kann und – ganz wichtig – einer Wundreibung vorgebeugt wird. Trekkingradfahrer hingegen ändern ihre Sitzhaltung nur wenig und sitzen aufrechter auf dem Sattel, wodurch sie einen im hinteren Bereich breiteren Sattel mit durchgehender Polsterung bevorzugen. Weich und gepolstert mag es vor allem der Genussradler am liebsten, da er aufrecht auf dem Sattel sitzt und in der Regel weniger intensiv in die Pedale tritt; auch eine extra Stoßdämpfung durch integrierte Federung ist manchmal willkommen. Bei den Tourenrädern lastet der Druck auf dem Ischias, weshalb der Sattel im hinteren Bereich dämpfen sollte.

Achtung!

Die beste Polsterung ist wirkungslos, wenn die Sitzfläche zu klein ist. Und je schmaler der Sattel ist, desto größer lastet der Druck auf dem Gesäß und desto schwächer ist somit die Durchblutung.

Damit die Kette wie geschmiert läuft

Fahrradketten sind enormen Kräften ausgeliefert, allein bei einem ordentlichen Spurt wirken ca. 500 Kilogramm auf jedes Kettenglied. Kein Wunder also, dass die Kette eines der größten Verschleißteile beim Fahrrad ist und deshalb optimal vernietet sein muss. Andernfalls droht der Strang an seinem schwächsten Glied zu reißen, was zu schmerzhaften Stürzen führen kann.

Achtung!

Jede Kette ist nur so stabil wie ihr schwächstes (Niet-)Glied.
Durch behutsame und vorausschauende Fahrweise kann jeder selbst dazu beitragen, die Kette zu schonen. Dazu gehört auch, die Kettenschaltungssysteme richtig zu bedienen. Am stärksten verschleißt die Kette, wenn man vorne im kleinsten Kettenblatt fährt, während hinten das kleinste Zahnrad im Einsatz ist bzw. umgekehrt; diese Konstellation verursacht eine diagonale Kettenführung und schadet neben der Kette auch den Kettenblättern und Zahnrädern. Grundsätzlich sollte man übrigens nur während des Tretens schalten und dabei den Pedaldruck etwas mindern.

Regelmäßige Kettenpflege gehört zum Alltag

Ketten sind sensibel und bedürfen einer besonderen Wartung und Pflege. Je mehr Schmutz, Staub oder gar Sand sich in der Kette einnistet, desto unruhiger gleitet sie über die Kettenblätter. Folge: Verminderter Fahrgenuss. Feine Sandkörner wirken wir Schmirgelpapier und setzen der Kette extrem zu.

Nach der Schlamm-schlacht im Gelände…

… ist die Kettenpflege wichtiger denn je.

Achtung!

Vor Touren in sandiges Terrain sollte man auf die Kettenölung grundsätzlich verzichten.

Auch Spritzwasser verstärkt durch »Abwaschen« den Verschmutzungsprozess. Macht sich der »Sand im Getriebe« beim Treten bereits akustisch bemerkbar, wird die Kette endgültig zum Pflegefall. Der Fahrradhandel hilft mit diversen Kettenreinigungsmitteln und Sprühwachsen aus, die aber besser vorbeugend als nachträglich zum Einsatz kommen sollten. Durch zu starken Einsatz der Spezialmittel löst sich gar der wichtige Schmierfilm an der Innenseite der Kettenglieder auf, die Wirkung ist somit antizyklisch. Auch die verbreitete Meinung, die Kette mit übermäßig viel Öl einzureiben, ist ein Trugschluss, da unnötig viel Öl entsprechend mehr Straßenstaub anzieht. Und nicht nur das: Die Zähne der Ritzel und Kettenblätter pressen die dadurch entstandene Schmirgelmasse regelrecht in die Gelenke, was eine anschließende Säuberung deutlich erschwert. Damit die Kette wie geschmiert läuft, ist es wirkungsvoller, sie etwa alle 200 bis 300 Kilometer mit einem ölgetränkten Lappen abzuwischen; auf diese Weise hat man den Schmier- und Reinigungseffekt in einem Vorgang.

Am einfachsten lässt sich die Kette mit einem Spray ölen.

Achtung!

Bei Mountainbikes ist der Kettenverschleiß besonders stark. Hier sollte dickflüssigeres Kettenöl verwendet werden oder alternativ häufiger gefettet werden.

Verstärkte Kettenpflege bei Schlechtwetter

Schönwetterfahrer, die nur auf trockenen Asphaltstraßen unterwegs sind und das Rad gewöhnlich in der Garage stehen lassen, können die Pflege etwas behutsamer angehen. Doch besonders bei schlechtem Wetter wird die Kette arg in Mitleidenschaft gezogen, da Spritzwasser und Schmutz den äußeren Ölfilm angreifen und akuten Schmierstoffmangel verursachen. Nach einer Fahrt durch Pfützen, Matsch und Schlamm gilt die Devise: Erst reinigen, dann schmieren. Ist die Kette arg verdreckt, kann man den Gliederstrang mit scharfem Wasserstrahl abspritzen. Alternativ helfen eine spezielle Bürste oder ein im Fachhandel erhältliches Kettenreinigungsgerät weiter, das auch zwischen die Ritzel eindringen kann. Nach dem Reinigungsprozess muss die Kette wieder gut geschmiert werden. Wichtig dabei ist, dass der Schmierstoff wasserabweisend ist und somit nicht rostet. Doch aufpassen: Bei zu starker Schmierung kann das Fett auf die Felge spritzen und die Bremswirkung beeinflussen. Die überschüssige Schmiere muss also abschließend mit einem Lappen abgetupft werden. Auch eine kleine Proberunde und das Durchschalten der Gänge hilft, um die Schmiere gut auf der Kette zu verteilen.

Tipp!

Die Industrie hat besonders für Allwetterfahrer bereits mobile Schmiermittel auf den Markt gebracht. Basierend auf der Grundidee, die Kette immer dann zu ölen, wenn sie es nötig hat, erfolgt das Nachschmieren der Kette sogar während der Fahrt. Das Produkt ist an den meisten Rädern mit Kettenschaltung montierbar.

Wann ist eine neue Kette fällig? Beim Rückwärtsdrehen der Kette erkennt man an den Schaltungsrädchen, ob sich noch alle Glieder einwandfrei bewegen lassen. Ist die Kette verschlissen oder gar gerissen, muss man sich zum Kettenaustausch einen Kettennieter besorgen. Die durchschnittliche Lebensdauer einer Kette beträgt bei Nabenschaltungen bis zu 10 000 Kilometer, bei Kettenschaltungen nur etwa ein Drittel davon. Spätestens dann heißt es also: Kette austauschen.

Öffnen der Kette mit dem Nietendrücker.

Tipp!

Wer über Ketten mit Bolzenverschluss verfügt, arbeitet mit dem so genannten Revolver-Kettennieter (Firma Rohloff) am effektivsten. Das Präzisionsgerät ist zwar teurer als die herkömmlichen Kettenwerkzeuge, doch dafür ist die Handhabung einfach und präzise.

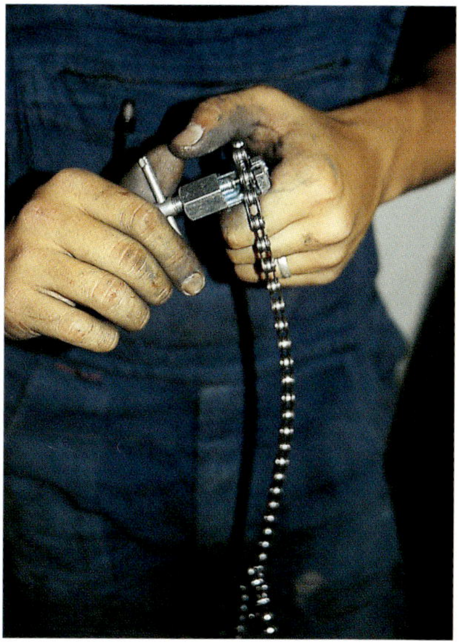

Um die alte Kette zu öffnen, setzt man den Nietendrücker am unteren Kettenstrang an und passt die Kette in die Fixierung ein. Dabei muss die Druckstelle genau an den Kettenniet angelegt werden. Ein kräftiges Pressen genügt und die Kette springt auf. Beim Einlegen zieht man die neue Kette durch das Schaltwerk und legt sie vorne und hinten gleichermaßen auf das größte Ritzel auf. Dann werden die Kettenenden so lange zusammengezogen, bis der Neigungswinkel des Schaltwerks etwa 45 Grad aufweist. Meist ist die Kette zu lang, die überflüssigen Glieder werden entfernt und die Kette an passender Stelle festgenietet. Wichtig ist, bei diesem Vorgang den Druckdorn exakt anzusetzen und den Niet nur so weit einzudrücken, dass er die Länge seiner Nietnachbarn nicht übertrifft. An der Nietstelle ist die Kette übrigens meist etwas steif, was man aber durch Dehnen und Biegen ausgleichen kann.

Erweist sich beim Einlegen die Kette als zu lang, müssen noch einzelne Kettenglieder abgeknipst werden.

Info!

Bei richtiger Länge darf sich die Kette beim Kettenschaltwerk bei kräftigem Anziehen vom vorderen Kettenblatt maximal 5 bis 7 mm lösen. Bei der Nabenschaltung muss die Kette im Verschiebebereich des Hinterrades im Ausfallende gestrafft werden können.

Austausch von Kettenblatt und Ritzel Nicht nur die Kette selbst, auch die Ritzel und Kettenblätter verschleißen von Zeit zu Zeit – vor allem dann, wenn die Kette nicht rechtzeitig ausgetauscht wird. Besonders der Mountainbiker schaltet häufig unter extrem starker Belastung und arbeitet somit Kette und Ritzel gleichermaßen auf. Je kräftiger er in die Pedale tritt, desto rascher schreitet dieser Verschleiß voran. Sind die Kettenblätter, wie bei den meisten Rädern mit Nabenschaltung der Fall, mit der Tretkurbel vernietet, müssen beide Komponenten gemeinsam ausgetauscht werden. Alle anderen Kettenblätter sind mit Sechskantschrauben und Muttern an der Kurbel befestigt und lassen sich relativ einfach demontieren. Der zur Kurbel weisende Bolzen verhindert, dass sich die Kette beim Abspringen in Kettenblatt und Kurbel verheddert.

Wichtig!

Beim Kauf der neuen Kettenblätter sollte man die ursprünglichen Maße exakt einhalten. Achten Sie auch auf die Kompatibilitätshinweise der Hersteller. Außerdem sollten die Kettenblätter aus Aluminium sein – nur Billigprodukte bestehen aus Stahl.

Bei der Demontage des Zahnkranzes von der Nabe ist ein Abnehmer von Vorteil, der mitsamt Stil in die Achse geschoben wird, ohne abzurutschen. Durch den Druck in Gegenrichtung können die Kränze problemlos gelöst werden. Auf

Die Kettenritzel sind so scharf, dass man sich über den mittelfristigen Kettenverschleiß nicht wundern muss.

Schmutz zwischen den Ritzeln wird mit einem dünnen spitzen Gegenstand entfernt.

diese Weise ist auch der Verschlussring des Zahnkranzes vor einer Beschädigung sicher. Anschließend kommen Gabelschlüssel und Kettenhebel im Wechselspiel zum Einsatz; Letzterer hält den Kranz, während der Schlüssel gegen den Uhrzeigersinn den Sicherungsring herausdreht. Nun können Ritzel und Kassette problemlos entfernt werden.
Bei der Neumontage des Kranzes ist viel Geduld und Fingerspitzengefühl gefragt. Zunächst ist darauf zu achten, dass die Ritzel in der richtigen Richtung aufgesetzt werden. Auch die richtige Aussparung ist zu beachten. Schließlich wird der Sicherungsring aufgesetzt und in der Regel mit einem Drehmomentschlüssel wieder festgeschraubt.

Wenn das Tretlager knirscht

Es gibt wohl kaum einen Radfahrer, der nicht schon Bekanntschaft mit einem knarrenden oder knackenden Tretlager gemacht hat. Der Grund für diese lästige Erscheinung liegt meist in mangelndem Fett; vor allem die linke, unscheinbare Lagerschale wird beim Einfetten gerne vergessen. Trocknet ihr Gewinde aus, können Schmutz und Wasser in das Gehäuse eindringen und bieten somit eine ideale Brutstätte für Korrosion.

Neueinbau des Innenlagers Bei fortgeschrittener Korrosion hilft nur noch der Austausch des Innenlagers. Ältere Räder sind oft noch mit einem Konusinnenlager ausgestattet, das komplett zerlegt und gewartet werden kann. Dieses äußerst aufwändige Prozedere sollte man jedoch besser dem Fachhändler überlassen. Gegenwärtig hat sich im Handel das Kompaktinnenlager durchgesetzt, das komplett wartungsfrei ist. Der Verschleiß hält sich aufgrund der hervorragenden Dichtung und Schmierung in Grenzen. Da man die gekapselten Patronenlager weder öffnen noch reparieren kann, müssen sie im Schadensfall jedoch komplett erneuert werden.

Achtung! ***Beim Neukauf eines Kompaktinnenlagers sollte man auf der Hut sein. Viele Radhersteller sparen nämlich in punkto Einfetten der Lager kräftig, was den reibungslosen Ablauf in Frage stellt. Es schadet also nicht, den schuld- und vielleicht auch ahnungslosen Radhändler auf dieses mögliche Problem aufmerksam zu machen.***

Im Gegensatz zu den Vierkant-Achsen müssen Vielzahnmodelle gut gefettet sein. Wertvolle Dienste leistet hierfür ein zähflüssiges Lagerfett, das man gleichmäßig aufträgt.

Als Vorteil eines Kompaktinnenlagers erweisen sich die stark vereinfachten Montagearbeiten. Für den Ausbau des Innenlagers benötigt man einen Kurbelabzieher, dessen Gewinde vor dem Einsatz eingefettet wird. Man entfernt sämtliche Unterlegscheiben und dreht den Abzieher dann in die Kurbel ein. Anschließend wird die von der Innenlagerachse weggepresste Schraube eingedreht. Dann kommt ein weiteres Spezialwerkzeug zum Einsatz, dessen Zähne in die Zahnlücken des Innenlagers greifen. Wie man das Innenlager aus- und später wieder einschraubt, hängt vom Gewinde ab.

Beim Einbau sollte man zunächst auf die Beschriftung des Lagergehäuses achten: »L« steht für Links, »R« für Rechts – und zwar immer gültig in Fahrtrichtung. Der Arm auf der Kurbelseite ist immer länger als auf der gegenüberliegenden Seite. Wichtig ist, die Kurbeln zumindest so lange gefühlvoll zu behandeln, bis die Verzahnung ordentlich greift.

Auch Pedale brauchen Pflege

Die Pedale sind neben Sattel und Lenker der dritte Berührungspunkt des Radlers mit seinem Vehikel. Damit ist schon viel über die Belastbarkeit dieser wichtigen Komponente gesagt. Insbesondere ist darauf zu achten, dass es auf die individuellen Bedürfnisse des Fahrers abgestimmt und mit einer

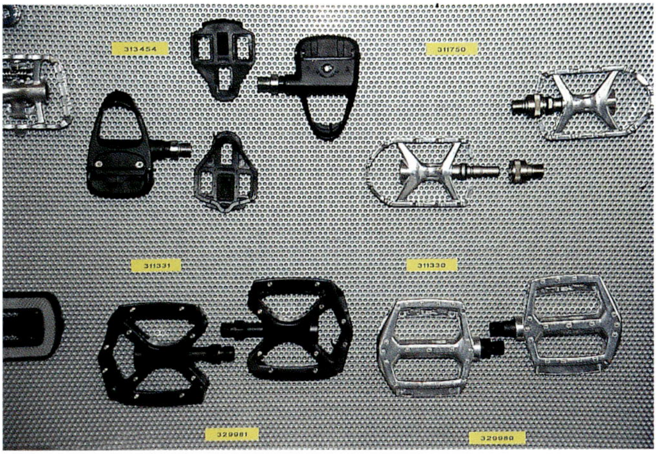

Pedalauswahl am Messestand

guten Lagerung versehen ist. Der Fuß sucht am Pedal festen Halt, um das Rad möglichst dynamisch beschleunigen zu können.

Klickpedale auf dem Vormarsch Sportlich orientierte Radfahrer schwören immer mehr auf das Klickpedal, um im Gelände oder im steilen Berganstieg eine möglichst optimale Kraftübertragung zu erzielen. Beim Klickpedal bilden Schuh und Pedal eine fest verankerte Einheit, sodass man nicht nur durch das Herunterdrücken, sondern auch durch das Anziehen des Pedals an Fahrt aufnehmen kann. Der Radfahrer spricht in diesem Fall von einem »runden Tritt«.

Zum Klickpedal gehören spezielle Schuhe, die mit ein wenig Übung wie selbstverständlich einrasten.

Info!

System- und Rennradpedale erzielen übrigens den gleichen Effekt wie das Klickpedal. Das klassische Rennrad-Hakenpedal hingegen ist ebenso so gut wie aus den Regalen des Radhandels verschwunden wie die alten Block- und Käfigpedale.

Ein Mountainbiker ohne »Clickies« kommt sich heute in der bunten Bikewelt ebenso verloren vor wie ein Skiabfahrer ohne Sturzhelm. Dabei wird langsam auch der Trekking- und Reiseradbereich von den Klickpedalen vereinnahmt. Lange Zeit hatte sich der Genussradler gegen diese Entwicklung gesträubt, weil der zum Klickpedal kompatible Schuh etwa für den spontanen Spaziergang in der Altstadtgasse partout nicht zu gebrauchen war: Das ständige »Klick-Klack« störte die Ruhe und an ein rundes Gehen war nicht zu denken. Mittlerweile hat die Industrie jedoch in Richtung bequemere Schuhe nachgerüstet und wirbt als ein wesentliches Pro-Argument für die erhöhte Sicherheit, weil ein Abrutschen vom Pedal mit etwaigen Sturzfolgen vermieden wird. Allerdings erreichen die Pedale nur dann die optimale Sicherheit, wenn sie mit den originalen Verbindungsplatten (Cleats) des Herstellers verwendet werden.

Die sogenannten Klickies müssen genau eingestellt sein, um dem Sicherheitsrisiko vorzubeugen.

Achtung!

Apropos Sicherheit: Wer vom herkömmlichen Pedal auf die so genannten Clickies umsteigt, sollte vorher unbedingt Trockenübungen machen – also das Ein- und Aussteigen üben. Klickpedal-Neulinge ohne Übung sind nicht selten schon einmal beim abrupten Bremsen einfach so umgefallen. Im Stadtverkehr eignen sich die Klickpedale jedoch nur bedingt.

Damit die Sicherheit beim Klickpedal gewährleistet ist, muss es ähnlich wie eine Skibindung akribisch genau eingestellt sein. Das von Shimano entwickelte Pedalsystem SPD ist in der Branche die Zauberformel für Sicherheit und Funktionalität. Inzwischen haben andere Firmen erfolgreich nachgerüstet, dürfen jedoch aus urheberrechtlichen Gründen nicht die Shimano-Modelle übernehmen. Marktführer Shimano hat derweil schmutzresistente Pedale mit gleicher Leistungsqualität zu niedrigeren Verkaufspreisen entwickelt.

Die Montage der Cleats Damit der Schuh in das Pedal einrasten kann, muss zuvor an der Sohle jeweils ein Cleat befestigt werden. Dabei ist zu beachten, dass die Fußballen exakt über der Pedalachse stehen. Ein wenig Bewegungsfreiheit nach beiden Seiten kann nicht schaden, um Kniebeschwerden vorzubeugen. Wer die Cleatschrauben mit etwas Kupferpaste einreibt, bekommt die Schraube bei einer späteren Demontage besser zu fassen. Leider neigen vor allem weiche Modelle dazu, rundgedreht zu werden; in diesem Zustand muss dann die Bohrmaschine Abhilfe leisten.

Wartung für jedes Pedal Ein Patentrezept für Pedalwartung gibt es aufgrund der vielen unterschiedlichen Modelle zwar nicht. Doch egal welches Pedal man an seinem Rad befestigt hat, eine regelmäßige Wartung ist unabdingbar. Die Billigpedale alter Prägung verfügen häufig jedoch über keine Schlüsselfläche, sodass die Pedalachse mit einem Sechskantschlüssel von der Innenseite der Kurbel her gelöst werden muss.
Während Billigpedale komplett ausgetauscht werden müssen, setzt man bei den neueren Modellen den Maulschlüssel direkt auf die Schlüsselfläche der Pedalachse an und dreht das Pedal entgegen des Uhrzeigersinns heraus. Die Gewinde lechzen je nach Gebrauch ein oder zwei Mal pro Jahr nach einer satten Neueinfettung – doch erst, nachdem sie zuvor gesäubert wurden. Bei der Montage ist vor allem zu beachten, dass die Pedalachse mit dem Pedalschlüssel kräftig angezogen wird.
Wenn der Pedalschlüssel oben steht, werden die Pedale gegen die Fahrtrichtung demontiert und in Fahrtrichtung montiert. Info!

Beleuchtung für mehr Sicherheit

Für die Verkehrssicherheit absolut unerlässlich ist eine funktionierende Lichtanlage – auch wenn der Mountainbiker zu diesem Thema vielleicht eine ganz andere Einstellung hat (»Die Lichtanlage passt zum Mountainbike wie das Steigeisen zum Wanderschuh«). Wer einmal den Einbruch der Dunkelheit unterschätzt hat und ohne Licht über eine finstere Landstraße gefahren ist, wird das Risiko kein zweites Mal eingehen wollen. Im Stadtverkehr fallen Lichtmuffel zwar nicht wirklich auf, Autofahrer nehmen sie aber kaum wahr, was die Kollisionsgefahr vor allem bei Regen erhöht. Regen und – noch schlimmer – Schneefall sind auch die natürlichen Feinde der mit Dynamo betriebenen Lichtanlage, weil diese bei solchen Bedingungen mangels Reibungskraft oft ihren eigentlichen Zweck einstellt und bestenfalls als launische Lichtorgel in Erscheinung tritt. Dieses Phänomen leuchtet übrigens im Einzelfall sogar der Polizeikontrolle ein.

Halogenlampen in verschiedenen Ausführungen

Lichtreflektoren spiegeln sich im Sonnen- und im Scheinwerferlicht.

Tipp!

Neben der Beleuchtung trägt auch helle und auffällige Kleidung zu mehr Sicherheit bei. Besonders auffallend sind neonfarbene und reflektierende Komponenten. Auch Reflektoren an Tretlager und Laufrädern verstärken die Wahrnehmung.

Ursachen für Defekte an der Lichtanlage und einfache Maßnahmen Neben feuchter Witterung sind jedoch noch andere Gründe für das Versagen der Lichtanlage verantwortlich. Sind die klassischen Reibraddynamos nicht sorgfältig ausgerichtet und fest montiert, droht gar das Abkippen in den Speichenbereich. Sehr häufig löst sich auch das Kabel an Dynamo, Scheinwerfer oder Rücklicht; auch ein Riss gehört zum Alltag. In diesem Fall lässt sich der Mangel durch Flicken relativ einfach beheben. Wichtig ist beim Flicken zunächst, an beiden Rissenden z. B. mit einem Messer je ein Zentimeter Isoliermasse zu entfernen. Dann schiebt man über ein beliebiges Ende ein Stück Ventilgummi und knotet die Drähte zusammen, bevor der Gummi als Isolierschutz über der Flickstelle justiert wird.

Achtung!

Das Kabel kann übrigens auch im unter der Hülle verborgenen Kabelbereich reißen.

Alternativ tauscht man das alte Kabel gegen ein neues aus. Bei der Verlegung im Außenbereich überklebt man das Kabel entlang des Rahmens. Schwieriger gestaltet sich die Innenverlegung – wenn das Kabel durch den Rahmen verläuft: Altes und neues Kabel werden miteinander verknüpft, bevor das alte Kabel herausgezogen und das neue Kabel hineingeschoben wird. Als technisch sauberste Lösung erweist sich übrigens ein zweiadriges Kabel mit 0,5 mm-Querschnitt – und zwar direkt vom Dynamo bis zu den Leuchten verlegt.

Auch das Auswechseln der Glühbirne, die bei schnellen Fahrten gerne durchbrennt, weil dann der Dynamo mehr Spannung erzeugt, als der Glühdraht aushält, sollte kein Problem sein. Die älteren Modelle sind noch verschraubt, hier bildet die Schraube den Stromkontakt. Nach Herausdrehen der Schraube wird die Abdeckung heruntergeklappt, das Birnchen gewechselt und die Abdeckung wieder montiert; bei diesem Vorgang nicht vergessen, das Kabel mit einzuklemmen.

Bei neueren Modellen lässt sich die Abdeckung übrigens ohne Werkzeug aufklipsen. Auch sind häufig Halogenbirnchen im Einsatz, die per Steckkontakt leicht in die Halterung einrasten. Sie strahlen mehr als doppelt so hell als die klassischen Scheinwerfer, brennen jedoch nach 40 bis 60 Stunden durch.

Tipp!

Wenn das Licht nicht brennt, hilft der folgende Schnelltest weiter: Das Birnchen wird herausgeschraubt und durch eine Batterie ersetzt; je nachdem ob der Stromkreislauf dann funktioniert oder nicht, ist wahlweise die Birne zu wechseln oder die Verkabelung zu reparieren.

Eine weitere Ursache für den unterbrochenen Stromkreislauf kann Korrosion etwa an jener Schraube sein, mit der das Rücklicht am Schutzblech verankert ist. In diesem Fall bewirkt ein Abschmirgeln bzw. Blankschaben des Rostes Wunder. Ist gar der Dynamo defekt, was eher selten vorkommt, muss dieser ausgetauscht werden. Gute Dynamos zeichnen sich übrigens durch mehrpolige Steckanschlüsse sowie austauschbare Reibrollen aus.

Luxusgut Nabendynamo Wer sich mit dem Licht und den damit verbundenen Reparaturen nicht länger herumärgern will, fährt mit einem wenn auch nicht ganz billigen Nabendynamo auf der sicheren Seite. Wie der Name verrät, sitzt hier der Dynamo nicht mehr an der Felge, sondern er ist durch einfaches Verdrahten an der Nabe befestigt und somit vor äußeren Umwelteinflüssen wie Korrosion und Nässe gut geschützt. Der Scheinwerfer wird mit dem integrierten Ein- und Ausschalter bedienungsfreundlich in Betrieb genommen. Schon bei langsamer Geschwindigkeit ergibt sich ein optimales Licht. Der Nabendynamo ist auch mit einem hinteren Standlicht und Sensor erhältlich, wodurch sich das Licht bei Dunkelheit selbst anschaltet.

Der Nabendynamo bietet optimales Licht und ist durch den integrierten Ein- und Ausschalter einfach zu bedienen.

Info!

Ist der Nabendynamo mal außer Funktion, ist der Montageaufwand in der Reparatur bzw. Nachrüstung ziemlich hoch.

Alternative Beleuchtungs-Sets Alternativ stattet man sich mit modernen Halogenscheinwerfern und transparenten Blinklichtern aus. Praktikabel ist zum Beispiel ein Beleuchtungs-Set für Vorder- und Rücklicht mit Akkus und Ladegerät, die jedoch aufeinander abgestimmt sein sollten; die Leuchtdauer ist mit etwa fünf Stunden ebenso lang wie die Aufladezeit im Akku. Als Vorteil erweist sich, dass man die Lichter dank einrastender Halterungen schnell und einfach ohne Werkzeug am Lenker bzw. an der Sattelstütze montieren kann.

Info!

Für die Verkehrssicherheit sind auch je ein Front- und Rückreflektor sowie zwei Speichenstrahler pro Laufwerk und Pedalreflektoren vorgeschrieben.

Regelmäßige Wartung

Je mehr man sein geschätztes Vehikel bei der Tour fordert, desto inniger sollte die Pflege ausfallen. Wie häufig man Ketten schmiert, Schrauben nachzieht oder Gewinde überprüft, hängt letztlich von der Häufigkeit des Gebrauchs ab. Doch einmal im Jahr sollten selbst Wenigfahrer ihr Rad genauer unter die Lupe nehmen. Und selbst vor jeder Fahrt sind einige essenzielle Dinge zu beachten. Denn wer gewissenhaft wartet, gewinnt ein Mehr an Fahrgenuss.

Das passende Werkzeug

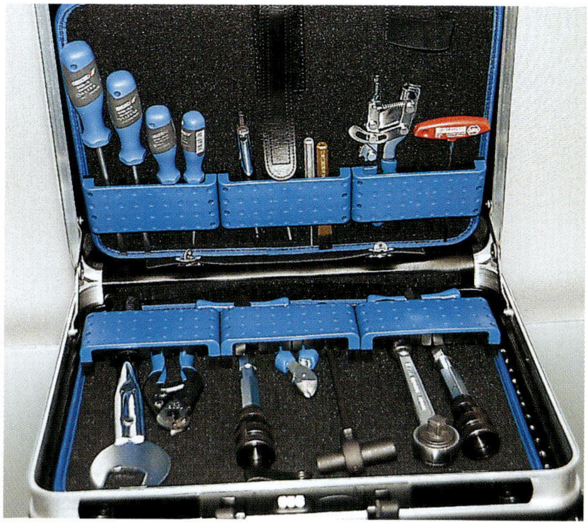

Die echten Tüftler haben längst eine Fahrradwerkstatt in der Garage oder im Keller und sind mit universellen Werkzeugkästen und allen möglichen brauchbaren Ersatzteilen ausgerüstet. Der gewöhnliche Radfahrer hingegen muss sich erst langsam an die Fahrradreparatur herantasten und das passende Werkzeug auf die Probe stellen. Im Wesentlichen setzt er sich genau mit jenem Werkzeug auseinander, das für die regelmäßige Fahrradwartung vonnöten ist.

Der Werkzeugkoffer lässt sich gut in der eigenen Werkstatt oder im Keller verstauen.

Pumpen in allen Varianten Selbst die Luftpumpe stellt so manchen Laien schon vor kleine Probleme. Schließlich muss das Verschlussteil kompatibel zum Ventilkopf sein, und um den Reifen richtig prall aufzupumpen, bedarf es etwas Muskelkraft. Dabei gibt es bereits Pumpen mit Digitalanzeige mit eingebautem Druckmesser, die für alle Ventilarten kompatibel sind. Doch abgesehen davon obsiegt nicht selten die Faulheit, und der Pumpmuffel rollt mit halbleeren Reifen durch die Landschaft – bis spätestens bei der nächsten Panne ohne Pumpe gar nichts mehr läuft. Dabei rollt der Reifen mit dem richtigen Luftdruck besser und hat zudem eine längere Lebensdauer.
Während im Hinterrad ein Luftdruck von 3,5 bis 4 Bar vonnöten ist, kommt man vorne mit 3 bis 3,5 Bar aus. Kontrollmöglichkeit: Der Reifen sollte beim Reinkneifen kaum nachgeben. Auch die Sicherheit ist übrigens mit prallem Reifen eher gewährleistet.

Linke Seite: Wichtiges Werkzeug lässt sich praktischerweise einfach an der Garagenwand deponieren.

Achtung!

Generell gilt: Je kleiner die Pumpe ist, desto schweißtreibender ist es, den Reifen voll zu bekommen. Für die komfortablere Nutzung empfiehlt sich ein ergonomischer Griff.

Ohne Luftpumpe läuft auf Dauer kein Rad, Grund genug also, sich mit einem passenden Modell auszustatten. Jeder muss für sich selbst entscheiden, welcher Luftpumpentyp zu ihm passt. Am einfachsten zu bedienen ist wohl die Fußpumpe, weil die Anstrengung beim Pumpvorgang von den Armen auf die Füße übertragen wird. Allerdings sind langfristig nur stabile Modelle praktikabel, weil die Fußbedienung bei Leichtbau-Varianten raschen Verschleiß verursacht. Wer viel unterwegs ist, benötigt ohnehin am besten zwei Pumpen: eine für zu Hause, um sein Bike druckvoll aufzupumpen, und ein leichtes Modell für unterwegs.

Das Manometer zeigt den exakten Luftdruck an.

Info!

Rennradler stellen sich gerne eine stabile Standpumpe mit Manometer in die Garage, da der Reifendruck hier besonders wichtig und kaum mit den Fingern messbar ist.

Vor allem Mountainbiker, die in punkto Gepäck streng auf Gewicht achten, rüsten sich für unterwegs mit einer leichten und handlichen Minipumpe aus. Das Aufpumpen erfordert bei den billigen Modellen allerdings einen gewissen Kraftaufwand und dauert seine Zeit. Die wesentlich kostspieligere Teleskoppumpe hingegen lässt sich wie ein Teleskop auf fast die dreifache Länge ausziehen und saugt somit Luft in den Pumpenkörper. Dadurch steigert sich der Pumpkomfort erheblich.

Welches Werkzeug zum Einsatz kommt Für die bereits beschriebenen Wartungsarbeiten benötigt man eine Zange etwa für das Nachstellen der Züge von Schaltung, Umwerfer und Bremsen. Der flache Schraubendreher bzw. der Kreuzschraubendreher unterstützen Arbeiten an Bremse, Schaltung und Kette. Daneben kommen diverse Inbusschlüssel in den Größen von 1,5 bis 6 mm zum Einsatz. Gabelschlüssel helfen z. B. beim Anziehen der Tretlager, während mit dem Speichenschlüssel das Laufrad zentriert wird. Immer wenn keine Möglichkeit besteht, die Kette durch Verschieben des Hinterrades oder durch ein exzentrisches Tretlager zu spannen, kommt der Kettenspanner zum Einsatz. Bei Arbeiten an der Kette greift man zudem auf ein Kettennietgerät und gelegentlich auf eine Nietzange zurück. Sind Arbeiten am Pedal vonnöten, leisten Pedalschlüssel wertvolle Dienste.

Achtung!

Welches Werkzeug Sie genau benötigen, hängt von Ihrem Fahrrad ab. Lassen Sie sich diesbezüglich von Ihrem Fachhändler beraten. Denn das Nonplusultra der fachgerechten Wartung und Montage ist die richtige Anwendung von Werkzeugen.

Wer viel an seinem Rad arbeitet und montiert, ist mit dem mehrteiligen Sortiment eines Drehmomentschlüssel-Zubehörs auf der sicheren Seite. Dieses umfasst verschiedene Steckschlüssel, Innensechskantschlüssel, Pedalschlüssel, Achtkant-Gabelschlüssel und Sechskant-Gabelschlüssel. Lesen Sie vor der Montage genau die Gebrauchsanweisungen des Herstellers durch, um die vorgegebenen Drehmomente der Befestigungsschrauben einzuhalten. Bei abgerissenen Schrauben sind die Folgeschäden prädestiniert, für die der Hersteller übrigens bei nachgewiesener Fehlmontage nicht einmal haftet.

Wichtig!

Tüftler sollten sich nicht mit Billigwerkzeugen abgeben, denn in den meisten Fällen rächt sich die »Geiz-ist-geil«-Mentalität mit rascher Abnutzung des Objekts. Im Wesentlichen kommt es freilich bei jedem Werkzeug auf die behutsame Anwendung an.

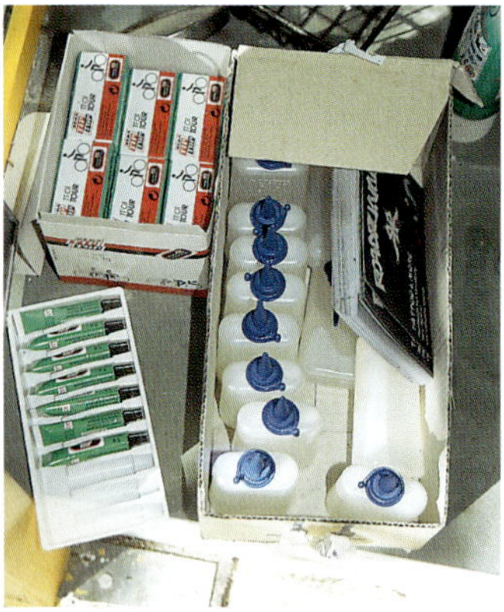

Stillleben im Fahrradshop

Die besten Pflegemittel

Mit der immer hochwertigeren Technik der Räder hat auch die Pflegemittelindustrie einen gewaltigen Sprung nach vorne gemacht: Reichten früher Bürste und Wasser für das Säubern in der Regel aus, sind heute unzählige Sprays, Fläschchen und hochgerüstete Markenartikel mit speziellen Zusatzstoffen wie Titan und Silikon im Umlauf. Je hochwertiger die Fahrradtechnik ist, desto aufwändiger ist die damit verbundene Pflege. Wer also Wert auf ein fahrtüchtiges Fahrrad legt und nebenbei auch die optische Komponente im Auge behält, der kommt um eine gezielte Pflege nicht umhin. Andernfalls nistet sich Korrosion durch Straßenschmutz, Nässe und Salz im »Drahtesel« ein wie der Parasit im Hundefell. Dabei sollten jedoch nur im Fachhandel erprobte, umweltverträgliche und materialschonende Reinigungsmittel zum Einsatz kommen. Mit der Etikette »biologisch abbaubar« werben mittlerweile jedoch die meisten Anbieter, sodass eine Unterscheidung auf Anhieb bestimmt nicht leicht fällt. Auch führt nicht jeder Fahrradhändler die aktuell besten Mittel in seinem Sortiment. Dennoch ist der Händler für den Laien oft der einzig mögliche Ansprechpartner.

Ohne Öl kommt keine Fahrradpflege aus.

Tipp!

Eine attraktive Präsentation der Pflege- und Reinigungsmittel im Radshop lässt oft Rückschlüsse auf die Beratungskompetenz des Händlers zu. Stellen Sie den Händler ruhig mit gezielten Fragen auf die Probe.
Achten Sie beim Kauf auch immer auf die Gebrauchsanweisung, damit Sie Ihr Mittel gezielt einsetzen können. Auf Haushaltsreiniger sollte man getrost verzichten.

Kettenreinigung – ein schmieriges Thema

Für einfache Wartungsarbeiten an Kette und Lagerungen empfiehlt sich der Einsatz eines Kettenöls oder Lagerfetts. Wichtigste Eigenschaften eines Kettenmittels sollten Korrosionsschutz und Wasserbeständigkeit sein. Manche Hersteller werben auch damit, dass ihre Mittel rostlösend und staubabweisend sind. Bei manchen Kettenreinigern wird empfohlen, die Kette anschließend neu zu schmieren. Kettenschmierungsmittel sind für das Langzeitleben der Kette unentbehrlich. Gerade bei Geländefahrten sammelt sich unglaublich viel Schmutz an und in der Kette.

Hier ist eine Reinigung dringend erforderlich.

Wichtig!

Schmiermittel, die Teflon enthalten, sind zur Kettenpflege ideal, da sie im Gegensatz zu anderen Stoffen wie Silikon kaum Schmutz und Staub anziehen.
Wer allerdings glaubt, die Kettenpflege mit Hochdruckreinigern abwickeln zu können, irrt gewaltig. Zwar sind zum Beispiel verschmutzte Mountainbikes nach der Radikalwäsche auf den ersten Blick wieder porentief rein, doch der Bumerang schlägt später zurück: Der harte Wasserstrahl schiebt den Schmutz über den Lack in die Dichtungen der Lager und entfernt auf diese Weise die notwendigen Schmierfette. Also gehen Sie doch lieber mit schonenden Mitteln wie Schwamm oder Zahnbürste an die Fahrradpflege. Die öligen Bereiche von Kette, Ritzeln und Kettenblätter reinigt man am besten mit einer Spezialbürste oder einem

Kettenreinigungsgerät, zur Not bedient man sich eines Schraubenziehers.

Info!
Bei langen Regenfahrten sollte ein Trockenfilm-Schmiermittel verwendet werden, das durch Wasser nicht abgewaschen wird. Dieses Mittel lässt sich mit einem Kettenreinigungsgerät anschließend wieder leicht entfernen.

Pflegemittel für andere Radkomponenten

Neben den herkömmlichen Kettenreinigungsmitteln sind noch zahlreiche andere Pflegemittel im Angebot, die Gelenke von Schaltung und Umwerfer etwa geben sich bereits mit einem Tropfen Pflegeöl zufrieden. Ein Dauerthema ist besonders bei hochwertigen Rädern auch die Lackpflege des Rahmens, spezielle Lackpflegemittel beseitigen hartnäckige Verschmutzungen wie Kalk und bessern diverse Lackschäden aus. Wem sein Rahmen gut und teuer ist, der sollte ihn nach der Reinigung zwecks Korrosionsschutz noch zusätzlich mit Sprühwachs polieren. Bremsbeläge und -gelenke sollten hin und wieder mit Titanfett behandelt werden. Und ein Sprühreiniger hilft beim Säubern der Speichen und Felgen.

Achtung!
Organische Stoffe wie Benzin oder Verdünner lösen zwar Fettstoffe komplett auf, eignen sich aber auch aus umwelttechnischen Gründen nicht zur Fahrradpflege.

Wartung am richtigen Ort

Da die Fahrradwartung inklusive Waschvorgang in der Regel eine recht schmutzige Angelegenheit ist, sollte man sich zuvor einen geeigneten Platz in seinem vertrauten Zuhause aussuchen. Wer keine Werkstatt oder Garage zur Verfügung hat, wird sich eventuell auf der Terrasse oder auf dem Balkon versuchen. In diesem Fall sollte man den Boden jedoch mit Kartonagen oder zumindest mit einigen Schichten Altpapier abdecken, damit man nach der Fahrradpflege nicht auch noch anderweitig putzen muss. Auf keinen Fall sollte man den Garten für die Fahrradpflege missbrauchen, da Fette und Öle mit dem Abspülen rasch ins Erdreich gelangen und somit das Grundwasser verschmutzen.

Als sehr vorteilhaft erweist sich z. B. beim Durchdrehen der Pedale, bei der Einstellung des Laufrads und während der Kettensäuberung, das Fahrrad irgendwo aufzuhängen oder an einem Montage- oder Zentrierständer zu befestigen. Nur auf diese Weise kann man sämtliche Wartungsarbeiten mit Ruhe und Übersicht durchführen. Technikfreaks schweißen sich ihren eigenen Ständer zusammen, doch wer ist schon auf diese Weise versiert und ausgerüstet? Für Hausgemeinschaften und Radsportgruppen lohnt sich unter Umständen der Kauf eines Ständers beim Fachhandel, kaum jedoch für Otto Normalverbraucher. Der kann sich jedoch z. B. dadurch behelfen, zwei Haken an die Garagendecke oder unter den Balkon zu schrauben und das Rad jeweils mit einem Seil daran aufzuhängen.

Kurzer Check vor jeder Fahrt

Man sollte sich angewöhnen, vor jeder Fahrt das Rad kurz auf seine Fahrsicherheit zu überprüfen. Der gesamte Check dauert nur wenige Minuten – insbesondere wenn man den Ablauf regelmäßig wiederholt, prägt er sich ins Gedächtnis ein und läuft fast automatisch ab.

Tipp!

In den meisten Fällen fehlt nach der Rückkehr von einer Tour die Zeit, einen unterwegs festgestellten Mangel umgehend zu beheben. Damit er nicht in Vergessenheit gerät, empfiehlt es sich, eine kurze Notiz auf einen Zettel zu schreiben und diesen am Rad zu befestigen.

Rahmen und Gabel Wenn das Rad immer von der gleichen Person gefahren wird, erübrigt sich die Überprüfung auf Sturzschäden, da man schließlich weiß, in welchem Zustand man das Rad beim letzten Mal abgestellt hat. Ausnahme sind beispielsweise öffentliche Stellplätze, bei denen man nicht sicher sein kann, was während der Abwesenheit mit dem Rad alles passiert ist. Auch wenn Räder in der Garage abgestellt sind, ist es schon vorgekommen, dass man beim Ein- oder Ausrangieren des Autos dem Fahrrad unbeabsichtigt zu nahe gekommen ist.

SHIMANO
DEORE
XT

Laufrad und Bremsen Man hält das Fahrrad vorn mit einer Hand hoch und setzt mit der anderen das Laufrad in Schwung. Der Blick ist auf die Felge gerichtet, anhand der seitlichen bzw. vertikalen Abweichungen gegenüber einem Fixpunkt wie dem Bremsklotz wird jeder Seiten- und Höhenschlag erkannt. Bei extremen Ausschlägen ist ein Zentrieren notwendig. Gleichzeitig achtet man auf beschädigte oder verbogene Speichen und tauscht sie gegebenenfalls aus (siehe Abschnitt »Speichen«). Mit einem weiteren Blick kontrolliert man die richtige Lage der Bremsklötze zur Felge. Danach stoppt man das Laufrad mit einem kräftigen Zug an der Bremse und achtet darauf, ob die Bremswirkung umgehend einsetzt. Danach überprüft man, ob die Schnellspanner bzw. Radmuttern fest sitzen.
Der abschließende Check des Laufrads gilt dem Luftdruck: Der Reifen darf sich mit dem Daumen nur wenig eindrücken lassen. Mit etwas Erfahrung reicht es aus, von oben auf den Reifen zu klopfen und am Klang zu erkennen, ob der Luftdruck stimmt.
Als nächstes kommt das Hinterrad an die Reihe: Auch hier wird das Rad am Sattel hochgehoben und das Laufrad mit einem kurzen Ruck am Pedal in Drehung versetzt. Die Kontrolle von Felgen, Speichen, Radbefestigung und Bremse erfolgt analog zum Vorderrad. Zusätzlich wird hier der Freilauf überprüft. Beim Drehen des Laufrads muss ein gleichmäßiges klickendes Geräusch zu hören sein.

Pedale Die Pedale müssen sich problemlos drehen lassen. Wer mit Klickpedalen fährt, sorgt dafür, dass die Klickvorrichtung sowohl am Pedal als auch an den Schuhen sauber ist.

Kette Eine trockene oder gar angerostete Kette kostet unnötig Kraft beim Treten und kann zu Problemen beim Schalten führen. Mit einem Kettenöl aus der Spraydose ist das Übel in kürzester Zeit beseitigt.

Lichtanlage Wer vor der Dämmerung nicht zurück sein will, muss natürlich Vorder- und Rücklicht auf Funktion

Linke Seite:
Die unteren zwei beieinander liegenden Schrauben dienen der Einstellung der Schaltung, an der oberen Schraube wird die Distanz zwischen dem Führungsrädchen und dem Ritzelpaket eingestellt.

Rechte Seite: Aug in Aug mit dem Fahrrad: An welchen Stellen fehlt`s?

überprüfen. Bei batteriebetriebenen Leuchten deutet ein schwaches Licht daraufhin, dass die Batterieleistung bald zu Ende ist.

Lenker, Sattel und Vorbau Sobald am Lenker, Rahmen oder Sattel irgendetwas wackelt, ist höchste Aufmerksamkeit angebracht. Eine eventuell gelockerte Schraube muss umgehend angezogen werden, da sie sich ansonsten beim Fahren immer mehr lösen und unter Umständen sogar verloren gehen kann. Nicht auszudenken, wenn es sich dabei um die Befestigungsschraube des Lenkers handelt. Auch die Schalt- und Bremshebel müssen fest sitzen.

Probefahrt Nach dem Losfahren erfolgt eine Bremsprobe – zunächst vorne und dann hinten. Wenn sich anschließend noch alle Gänge problemlos einlegen lassen, steht einer Fahrt nichts mehr im Wege.

Umfangreicher Check vor jeder großen Tour

Vor größeren Touren lohnt sich schon ein genaueres Hinsehen, zumal man hier häufig mit Gepäck unterwegs ist. Dabei empfiehlt es sich auch, das mitgeführte Werkzeug und die Ersatzteile auf Vollständigkeit zu überprüfen.

Beim Mountainbike ist der stabile Rahmen besonders wichtig.

Rahmen und Gabel Die tragenden Teile des Rads werden intensiv nach Schäden untersucht, Risse im Lack können ein Indiz für einen Rahmenschaden sein. Ein kritischer Blick mit etwas Abstand vom Hinterrad zeigt, ob sich die beiden Laufräder optisch in einer Ebene befinden. Andernfalls ist entweder der Rahmen verzogen oder eines der Laufräder steckt nicht richtig in den Ausfallenden.

Bei richtiger Einstellung sind die Bremsklötzchen an beiden Seiten gleich weit von der Felge (links) und etwa 2 mm vom Reifenrand (rechts) entfernt. Voraussetzung dafür ist eine Felge ohne Höhen- und Seitenschlag.

Laufrad und Bremsen Neben der Kontrolle des Luftdrucks wird der Reifen auch komplett auf eventuelle Beschädigungen überprüft. Das können kleine Risse in der Seitenwand sein, die sich insbesondere dann zeigen, wenn der Reifen schon einige Jahre auf dem Buckel hat. Wichtig ist ein ausreichendes Profil, denn bei abgefahrenen Reifen können Glassplitter leichter eindringen und den Schlauch beschädigen. Bei dieser Gelegenheit kann man nach Fremdkörpern in den Profilrillen Ausschau halten und diese gegebenenfalls entfernen. Bei den Bremsen gilt das Hauptaugenmerk den Bremsklötzchen. Sind diese schon über die Hälfte abgenutzt, sollte man sie austauschen.

Gepäckträger Vor dem Anbringen der Gepäcktaschen wird der Gepäckträger auf festen Sitz überprüft. Gerade dessen Befestigungsschrauben lockern sich immer wieder und gehen verloren, sofern man sie nicht umgehend wieder festzieht. Brüche am Gepäckträger oder verbogene Elemente sind keine Seltenheit, wenn man zuvor mit schwerem Gepäck lange auf unebenem Terrain unterwegs war. Am besten wird die Stabilität kontrolliert, indem man den Gepäckträger in alle möglichen Richtung drückt. Auch die Befestigungselemente der Packtaschen sowie die Spanngurte werden so auf ihre Beständigkeit überprüft.

Probefahrt Vor Beginn der großen Fahrt empfiehlt sich eine größere Testfahrt mit voller Beladung. Damit gewohnt man sich gleich an das veränderte Fahrverhalten mit Gepäck sowie den längeren Bremsweg. Gleichzeitig kann man an einem kleinen Anstieg feststellen, ob man sich mit der Zuladung nicht übernommen hat.

Wartung einmal im Monat

Die monatliche Inspektion beugt Pannen vor. Wenn sie regelmäßig durchgeführt wird, ist das Rad immer im Top-Zustand.

Prüfen und gegebenenfalls erneuern In erster Linie geht es darum, alle Komponenten der Reihe nach zu überprüfen. In vielen Fällen wird man gar keinen Mangel feststellen. Dennoch ist es wichtig, das Rad kritisch unter die Lupe zu nehmen. Früher oder später ist doch die eine oder andere Reparaturarbeit fällig. Und dann ist es besser, wenn man sie in Ruhe zu Hause erledigen kann, als irgendwo unterwegs bei einer Panne.

Praktisch für das Mountainbike: Der Gepäckträger wird bei Bedarf an das Sattelrohr geklemmt.

Checkliste Wartung

Bremsen

- ❑ Sitzen die Bremsklötze richtig?
- ❑ Stimmt der Abstand der Bremsklötze zur Felge?
- ❑ Sind die Bremsklötze verschlissen?
- ❑ Sind die Bremszüge leichtgängig?
- ❑ Sind die Bremszüge beschädigt?
- ❑ Liegt der Druckpunkt der Bremse etwa in der Mitte des Zugwegs am Bremshebel?
- ❑ Ist die Bremse mittig gestellt?

Laufrad

- ❑ Ist eine Felge gebrochen, beschädigt oder verbogen?
- ❑ Ist die Felge verschmutzt?
- ❑ Sitzen alle Speichen fest?
- ❑ Gibt es einen Seiten- bzw. Höhenschlag?
- ❑ Sitzen die Achsenmuttern bzw. der Schnellspanner richtig und fest?
- ❑ Haben die Radnaben übermäßig Spiel?
- ❑ Ist der Reifen beschädigt?
- ❑ Ist das Reifenprofil ausreichend?
- ❑ Befinden sich Fremdkörper im Reifenprofil?
- ❑ Stimmt der Luftdruck?
- ❑ Sitzt das Ventil richtig?

Schaltung

- ❑ Lassen sich alle Gänge einwandfrei schalten?
- ❑ Sind die Schaltzüge leichtgängig?
- ❑ Sind die Schaltzüge beschädigt?
- ❑ Ist das Schaltwerk verschmutzt?
- ❑ Ist der Umwerfer verbogen?
- ❑ Sind alle Zähne am Ritzelpaket, an den Umlenkrollen und am Kettenblatt unbeschädigt?

Antrieb

- ❑ Sind die Pedale schwergängig oder lose?
- ❑ Sind die Klickpedale verschmutzt?
- ❑ Ist das Tretlager schwergängig oder hat es Spiel?
- ❑ Ist die Kette schlecht geölt, angerostet oder verschlissen?
- ❑ Hat die Kette schwergängige Glieder?

Sicherheit

- ❑ Sind Rahmen oder Gabel verzogen oder beschädigt?
- ❑ Sitzt der Lenker fest?
- ❑ Funktioniert das Licht?
- ❑ Ist der Sattel beschädigt?
- ❑ Ist die Federung korrekt eingestellt?
- ❑ Sitzen alle Schrauben und Muttern fest?

Die große Jahresinspektion

Erfahrungsgemäß verschwindet das Fahrrad nach der letzten Tour im Herbst ungepflegt in der Garage oder im Keller. Eine komplette Überholung erweckt den fahrbaren Untersatz wieder aus dem Winterschlaf und sorgt dafür, dass man nicht gleich an der nächsten Ecke mit einer Panne stehen bleibt.

Das Fahrrad komplett reinigen Schmutz von der letzten Ausfahrt sowie die Staubschicht, die sich über den Winter gebildet hat, entfernt man am besten mit einer Bürste, einem nassen Lappen oder einem Schwamm. Angenehm für die Hände und gut für das Fahrrad ist lauwarmes Wasser, in dem man etwas biologisch abbaubare Seife oder Spülmittel auflöst. Vom Einsatz eines Hochdruckreinigers ist dringend abgeraten. Die Arbeit wäre zwar bequemer, als von Hand zu putzen, der starke Wasserstrahl entfernt jedoch neben Schmutz auch alle Schmiermittel zwischen den beweglichen Teilen.

Mit einer Bürste, Wasser und etwas Spülmittel wird die Felge gereinigt.

Linke Seite:
Frühjahrputz vor der ersten größeren Fahrt.

Die Reinigung umfasst alle Fahrradteile, insbesondere die Felgen gehören tüchtig gesäubert, damit die Bremsen wieder eine optimale Wirkung erzielen. Beim Putzen des Schaltwerks sowie der Zwischenräume des Kettenblatts kann man sich mit einer alten Spülbürste oder einem festen Pinsel behelfen. Die Kette hat man früher in ein Petroleum-Bad gelegt, heute gibt es im Fachhandel spezielle Reiniger, bei deren Anwendung man die Kette nicht mehr ausbauen muss. Die Umlenkrollen im Schaltwerk werden ausgebaut, gereinigt und gefettet. Beim Ausbau muss man sich die Position aller Teile genau merken, damit sie später wieder an die richtige Stelle kommen. Anschließend wird die Kette geölt.

Alles wird unter die Lupe genommen Die kritische Überprüfung von Bremsen, Laufrad und Schaltung sowie die Behebung von Problemen ist bereits in den einzelnen Kapiteln beschrieben. Bei der Jahresinspektion werden zusätzlich die Züge für Bremsen und Schaltung überholt, denn für dic feine Dosierung der Bremsen und das problemlose Schalten müssen die Züge nahezu reibungslos in der Schutzhülle laufen. Zum Test hängt man jeden Zug aus und verschiebt die Schutzhülle so, dass das Metallseil gereinigt werden kann. Unbeschichtete Züge bekommen anschließend einen leichten Fettüberzug; sind Beschädigungen zu erkennen, tauscht man den Zug gleich aus. Bei dieser Gelegenheit kann man auch den beweglichen Teilen am Schaltwerk, Umwerfer und Bremssockel sowie den Schalt- und Bremshebeln etwas Fett spendieren.
Hat der Reifen über den Winter komplett seinen Luftdruck verloren, wird zunächst das Ventil überprüft, und wenn sich dessen Funktionsfähigkeit herausstellt, wird am besten der Schlauch erneuert. Insbesondere bei bereits geflickten Schläuchen passiert es öfter, dass sie im Lauf der Zeit undicht werden.

Tipp!

Bei der abschließenden Testfahrt ist neben der Überprüfung von Antrieb, Bremsen und Schaltung auch die Kontrolle der Sitzposition zu empfehlen.

Pannenhilfe für unterwegs

Vor der Panne unterwegs ist niemand gefeit. Wichtig ist es, für den Fall der Fälle richtig vorbereitet und vor allem ausgerüstet zu sein. Wer nicht gerade nur zum nächsten Badesee radelt oder in der Stadt unterwegs ist, sollte der Tour angepasst immer das notwendige Werkzeug und adäquate Ersatzteile mit sich führen. Andernfalls droht die genussvolle Fahrt ins Grüne zu einem nervtötenden Fiasko zu werden.

Welches Werkzeug nimmt man mit?

Werkzeug gehört, selbst wenn man nur einen halben Tag unterwegs ist, bei jeder Fahrradtour mit ins Gepäck. Niemand ist vor einer Panne oder einem Defekt sicher, und anders als der dem ADAC-Abschleppdienst SOS-funkende Autofahrer kann der liegen gebliebene Radfahrer beim ADFC nur in wenigen Städten einen Notdienst erwarten. Immerhin hat der ADFC in verschiedenen Städten Radstationen eingerichtet, die sich immer an Bahnhöfen befinden und in der Regel auch sonntags geöffnet haben. Hier kann man sich übrigens auch ein Rad ausleihen, wenn der eigene Drahtesel sich nicht sofort reparieren lässt.

Info!

Nähere Informationen zum Thema Nothilfe und Servicestationen erhält man direkt über den Verband (www.adfc.de)

Natürlich wird sich niemand einen Werkzeugkasten auf den Gepäckträger schnallen, die Maxime beim Werkzeug lautet vielmehr, möglichst viele Funktionen auf möglichst kleinen Raum zu verteilen und dabei auch noch Gewicht zu sparen. Wer mit Gepäcktaschen oder kleinem Rucksack unterwegs ist, kann das Werkzeug bestens verstauen.

Achtung!

Mountainbiker sollten sich das Werkzeug niemals in die Trikottasche stecken, da dies bei einem Sturz zu schwerwiegenden Verletzungen führen kann.

Das Mini-Werkzeug für die Tour Wenn unterwegs etwas klappert oder schleift, die Schaltung nicht mehr einwandfrei funktioniert oder die Sattelposition nicht passt, ist adäquates Werkzeug unabdingbar. Das Zauberwort für das optimierte Touren-Werkzeugset heißt »Minitool«. Das Werkzeug lässt sich auf- und zuklappen wie ein Schweizer Taschenmesser und erreicht im Idealfall sogar Werkstattqualität. Im Gegensatz zu früher hat sich im Zeitalter von Vollfederung und Scheibenbremse auch der Anspruch an das Werkzeug erhöht. Der Torxschlüssel und der 8er-Kurbelschlüssel etwa sind für gut gerüstete Bikes heute unabdingbar.
Als Normalstandard umfasst ein Mini-Werkzeugset zwei Reifenheber, diverse Inbus- und Steckschlüssel, Speichenspan-

Linke Seite: Eine Panne unterwegs ist mit dem richtigen Werkzeug schnell behoben.

Praktisch für unterwegs: Das Traveltool von SKS mit Neopren-Tasche

ner für drei Nippelgrößen, Kettennieter und -entspanner, Ringschlüssel verschiedener Größen sowie je ein Schraubendreher und Kreuzschlitzschraubendreher. Beim Kauf sollte nicht das Gewicht das hauptsächliche Kriterium sein, sondern Packmaß, Handhabung und auch die Materialfestigkeit. Wer nicht so viel unterwegs ist, wird sich ein kostengünstigeres Set kaufen als der Vielfahrer.

Tipp!

Einer der Marktführer bei den »Minitools« ist der japanische Hersteller Topeak mit dem Modell Alien: Für gut 40 Euro erhält man inklusive Schutztasche ein nur 271 g schweres Werkzeugset mit 22 Funktionen. Hochwertige Materialien verhindern den raschen Verschleiß.

Was sonst noch brauchbar ist Neben dem Werkzeugset gehören noch Luftpumpe und das obligatorische Flickzeug ins Gepäck, um bei einer etwaigen Reifenpanne aktiv werden zu können. Wer über kein Werkzeug-Set verfügt, sollte zumindest noch Reifenheber mitführen, um den Mantel aus der Felge lösen zu können. Wie jeder aus der Praxis weiß, macht man sich beim Demontieren des Hinterrads die Hände schmutzig; ein Schmutztuch gegen die Kettenschmiere ist hier von Vorteil. Will man sich das aufwändige Prozedere des Radflickens sparen, hilft ein Ersatzschlauch weiter. Zu Hause kann man den »Platten« dann in aller Ruhe beheben.

Wichtig!

Verpacken Sie Ihr Werkzeug wasserdicht, um es vor Rost zu schützen. Überprüfen Sie Ihr Werkzeug regelmäßig auf Zustand und Vollständigkeit und tauschen Sie ein abgenutztes Teil gegebenenfalls aus.

Kommunikation unterwegs Für viele Menschen ist das Handy aus dem Alltag nicht mehr wegzudenken. Bei einer Panne unterwegs kann das mobile Telefon sehr nützlich sein, um sich von jemandem an einem bestimmten Punkt abholen zu lassen, wenn das Problem am Rad nicht mehr behoben werden kann. Auch bei schweren Stürzen ist das Handy wichtig, um gegebenenfalls schnell Hilfe herbeiholen zu können.

Im Zusammenhang mit einer Panne kann auch gutes Kartenmaterial sehr hilfreich sein: Wer sein Rad schieben muss, ist froh, wenn er den kürzesten Weg zur nächsten Ortschaft mit Werkstatt oder Bahnverbindung kennt.

Absprache bei Gruppenfahrten Wer eine Fahrradtour zu zweit oder in einer größeren Gruppe durchführt, kann sein Werkzeugset nochmals reduzieren, sofern die Räder in wichtigen Teilen identisch aufgebaut sind. Wird beispielsweise überall das gleiche Tretlager verwendet, muss auch nur ein Set an Werkzeugen mit auf die Tour. Gleiches gilt für den Schraubendreher zur Einstellung der Schaltung und je nach Absprache auch für andere Werkzeuge. Zuvor muss man sich jedoch darüber im Klaren sein, ob und inwieweit sich die Gruppe gerade bei Mehrtagestouren unterwegs auch mal trennen wird. Sportlich orientierte Fahrer drehen nicht selten gern noch eine Extrarunde – an das Verteilen der Werkzeuge wird bei der spontanen Trennung jedoch selten gedacht.

Folgende Hilfsmittel haben sich bei langen Radtouren schon bewährt:

- Lüsterklemmen, um gerissene Brems- und Schaltzüge sowie Lichtkabel zu reparieren
- Muttern und Schrauben verschiedener Größen für den Fall defekter oder verloren gegangener Schrauben oder bei Naben mit Spezialgewinde
- Bindedraht, Lotschnur oder Paketschnur für diverse Befestigungen und Notreparaturen
- Schlauchschellen verschiedener Größen zum provisorischen Schienen gebrochener Gabeln sowie bei defekten Gepäckträgern
- Spezielle Kleber als letzte Rettung bei abgebrochenen Teilen

Welche Ersatzteile gehören ins Gepäck?

Gerade bei Mehrtagestouren sollte man sich über das obligate Werkzeugset hinaus noch mit diversen Ersatzteilen ausrüsten. Wer etwa mit vollem Gewicht oder auf schwierigem Untergrund unterwegs ist, muss mit Schäden an der Bereifung rechnen. Ein Reservemantel kann in diesem Fall sowohl die Tour als auch die gute Laune retten. Die berüchtigten Plattfüße basieren oft auf so genannten Durchschlägen am Hinterrad, weil dort vor allem bei Trekkingradtouren das meiste Gewicht lagert. Wer schon einmal bei Sturm und Regen oder in Zeitnot einen Reifen flicken musste, wird seither stets einen Ersatzschlauch im Gepäck mitführen.

Tipp! ***Wer mit viel Gepäck unterwegs ist, sollte auch das Vorderrad mit kleinen Gepäcktaschen versehen.***

Selbst wenn das Rad schon eingefahren ist und sich die Speichen schon gut gesetzt haben, werden sie bei längeren Touren in Mitleidenschaft gezogen – im äußersten Fall reißen sie. Aus diesem Grund sind Ersatzspeichen oft eine wichtige Stütze für unterwegs. Darüber hinaus gehören Kettenglieder sowie Bremszüge und -beläge zur Standardausrüstung an Ersatzteilen.

Tipp!

Selbstverständlich hilft auch bei der Mitnahme an Ersatzteilen eine Absprache innerhalb der Gruppe weiter, sofern die Räder kompatibel sind.

Improvisation ist alles

Trotz aller Vorkehrungen kann es immer noch vorkommen, dass man mit einer Panne irgendwo im Gelände liegen bleibt und ausgerechnet das passende Werkzeug oder Ersatzteil nicht im Gepäck hat. Dann ist Improvisation angesagt, und mit etwas Geschick kann man durchaus das Rad wieder soweit fahrbereit bekommen, dass zumindest die nächste Werkstatt oder ein nahe gelegener Bahnhof erreicht werden kann.

Reifenpanne Wenn weder Pumpe noch Flickzeug vorhanden sind, kann man den Reifen auch mal mit Heu, Gras, Blättern oder Zeitungspapier ausstopfen. Das ist immer noch besser, als ohne Luft weiterzufahren, denn in diesem Fall riskiert man Beschädigungen an Reifen und Felge. Risse im Reifen, aus denen der vollgepumpte Schlauch herauszuquellen droht, hinterlegt man am besten mit einem Stück Leder, einer Baumrinde oder einem festen Karton. Notfalls kann man diese Stelle auch von außen mit Klebeband dick umwickeln.

Grashalme als Schlauchersatz.

Speichenbruch Sind an einer Stelle gleich mehrere Speichen nebeneinander gebrochen, empfiehlt es sich, die »Lücken« gleichmäßig zu verteilen. Damit verteilt sich die Last besser. Notfalls kann man sich auch noch aus dem anderen Laufrad ein oder zwei Speichen holen.

Ein Stein fixiert den Umwerfer.

Kaputtes Schaltwerk
Wenn sich keine Gänge mehr schalten lassen, kann man mit verschiedenen Hilfsmitteln zumindest einen Gang fixieren, mit dem es sich einigermaßen bequem fahren lässt. Der Umwerfer lässt sich beispielsweise mit einem Stein oder einen Holzstück auf der mittlere oder kleinste Kettenblatt fixieren. Beim Schaltwerk hilft ein Gummi- oder Klebeband, um es in einer bestimmten Stellung festzumachen.

Kette gerissen Anstelle mit einem verloren gegangenen Nietbolzen kann man die Kettenglieder auch mit einem Stück Draht verbinden und die Stelle mit Klebeband fixieren.

Bremsen defekt Einigermaßen geschickte Fahrer schaffen es, während der Fahrt den Schuh gegen den Hinterreifen zu drücken und so die Geschwindigkeit zu reduzieren. Vor einer längeren oder steileren Abfahrt kann man Zweige und kleine Äste zwischen die Speichen des Vorderrads flechten, die dann permanent an der Gabel schleifen.

Gebrochenes Rohr Wie man mithilfe eines zurechtgeschnitzten Holzstücks einen gebrochenen Rahmen notdürftig repariert, ist ausführlich im Kapitel »Rahmen« beschrie-

Notdürftig repariertes Rohr, das zuvor mit einem zurechtgeschnitzten Holzstück fixiert worden ist.

ben. Die gleiche Maßnahme funktioniert natürlich auch bei allen anderen gebrochenen Rohren, beispielsweise beim Gepäckträger oder beim Lenker.

Schaden am Sattel Einen beschädigten Sattel bandagiert man am besten mit einem Handtuch oder T-Shirt.

Abgerissener Seilzug Die gerissenen Enden eines Brems- oder Schaltzugs kann man beispielsweise dadurch wieder verbinden, indem man sie an beiden Seiten eines kleinen Stocks oder einer Getränkedose befestigt. Reißt der Zug direkt beim Brems- oder Schalthebel, wickelt man das Ende um einen Stock und zieht bei Bedarf daran.

Versorgung im Ausland

Wussten Sie, dass Kettenverschlussteil auf Französisch »attacheur rapide« und Bremsbelag »garniture de frein« heißt? Sprachliche Probleme sind im Ausland vorprogrammiert, wenn es im Fahrradladen oder in der Werkstatt um das passende Fahrradersatzteil geht. Dabei ist Frankreich noch ein harmloses Beispiel: Versuchen Sie mal, sich abseits der gro-

Im fernen Ausland wie hier in Nepal ist bei der Beschaffung von Fahrradersatzteilen Improvisation gefragt.

ßen Städte in Ländern wie Peru, Marokko oder selbst in Island zu verständigen. Abgesehen davon liegt vor allem in dünn besiedelten Gebieten die nächste Werkstätte meist irgendwo im Nirgendwo, sodass man bei der Suche nach Ersatzteilen total auf sich selbst gestellt ist. Und selbst wenn man auf einen von Einheimischen empfohlenen Fahrradladen stößt, ist es durchaus möglich, dass dort ein Rad allenfalls zwischen Kaffeemaschinen, Kühlschränken und Fernsehgeräten im Sortiment auftaucht – und somit ziemlich deplaziert wirkt. Der an mitteleuropäischen Standard gewohnte Besucher bekommt dann erst einmal große, ungläubige Augen.

Weltenbummler kennen das Schlüsselwort für solch prekäre Fälle: Improvisation. Zumindest in den Städten kann man zum Beispiel auch in Autowerkstätten, Schlossereien oder bei Gemischtwarenhändlern sein Glück versuchen. Kann der Besitzer nicht selbst helfen, kennt er garantiert irgendeinen Mechaniker mit Improvisationstalent – und sei es in einer abgelegenen Privatgarage. Dieser bedient sich dann ganz einfacher, unkonventioneller Methoden, um den Schaden zu beheben. Durchfragen und Kommunikation mit Händen und Füßen führt also in den meisten Fällen zum Ziel.

Um auf Frankreich zurückzukommen: Im Reich der Tour de France ist die Versorgung selbst auf dem Land einwandfrei. Lässt sich keine Fahrradwerkstatt aufstöbern, hilft einem die Auto- oder Motorradwerkstatt weiter. Im Nachbarland

Italien hingegen hängt die Versorgung stark von der Region ab: Je weiter man Richtung Sizilien gelangt, desto größere Abstriche muss man in Kauf nehmen. Für Tourenradler mit Nabenschaltung gibt es kaum Ersatzteile, da die Fachgeschäfte auf Rennradler ausgerichtet sind. Gleiches gilt übrigens auch für Spanien. In Großbritannien ist zwar die Verständigung für englischsprachige Radler kein Problem, doch weichen die englischen Gewindemaße (inch = Zoll) vom mitteleuropäischen Standard ab – aus diesem Grund passen unsere Muttern auch nicht auf englische Schrauben. Nur in den größeren Städten sind kontinentale Maße zu bekommen. Völlig problemlos ist die Versorgung an Ersatzteilen nur in den mitteleuropäischen Ländern.

Checkliste

Das sollte jeder Radler immer dabeihaben

- ❏ Luftpumpe zum Ventil passend
- ❏ Ersatzschlauch in der richtige Größe
- ❏ Putzlappen

Das sollte mindestens einmal in der Gruppe vorhanden sein

- ❏ Ventile zum Schlauch passend
- ❏ Flickzeug
- ❏ Reifenheber
- ❏ Inbusschlüssel in den Größen 4, 5, und 6 mm
- ❏ Gabelschlüssel in den Größen 7, 8, 9, 10, 12, 13, 15 und 17
- ❏ Schraubendreher
- ❏ Kreuzschlitzschraubendreher
- ❏ Speichenspanner
- ❏ Etwas Fahrradöl
- ❏ Nietendrücker, Ersatzkettenglied bzw. Kettenschloss
- ❏ Bremsgummis passend zur Bremse
- ❏ Brems- und Schaltzug
- ❏ Zange
- ❏ Muttern und Schrauben verschiedener Größen
- ❏ Kabelbinder, Schlauchschellen und Metalldraht
- ❏ Mobiltelefon

Das ist nur für spezielle Touren erforderlich

- ❏ Ersatzmantel bei längeren Fernreisen in Länder mit unbekannter Ersatzteillage
- ❏ Ersatzbirnen und Lichtkabel bei geplanten Dämmerungs- oder Nachtfahrten

Adressen

Selbsthilfewerkstätten des ADFC

Es empfiehlt sich vor einer aufwändigen Anreise mit dem defekten Fahrrad eine kurze Kontaktaufnahme mit dem ADFC per Telefon oder E-Mail, da die Öffnungszeiten der Werkstätten oft Jahreszeitenabhänig sind. Von den NutzerInnen wird im Allgemeinen eine Spende erwartet, auch gebrauchte Fahrradteile und Werkzeug sind willkommen.

Kulturtreff E-Werk
Wallstraße 24
61348 Bad Homburg
Tel. 06172/161402
E-Mail: info@adfc-hochtaunus.de
2. Di im Monat 17.30-20 Uhr,
April bis September zusätzlich 4. Di im Monat 17.30-20 Uhr

ADAC Bayreuth
Äußere Badstraße 7a
95445 Bayreuth
Sa. 10-14 Uhr
www.adfc-bayreuth.de

Selbsthilfewerkstatt
Brunnenstraße 28
10119 Berlin
Tel. 030/4484724
Für ADFC-Mitglieder Mo-Fr 12-20 Uhr, Sa 10-16 Uhr
Für Nichtmitglieder Mo, Mi und Fr ab 18 Uhr,
bitte vorher anrufen

Die FahrradSelbst-HilfeWerkstatt
Eulenstraße 5
38114 Braunschweig
Tel. 0531/576636
E-Mail: info@adfc-braunschweig.de
Mo 16-19 Uhr nur für Frauen
Di/Do 15-19 Uhr,
Mi 17-21 Uhr

Selbsthilfewerkstatt
Gustav-Heinemann-Gesamtschule,
Raum 109
Parsevalstraße 170
44369 Dortmund
Tel. 0231/314494
oder 0231/98229628 (abends)
Fr 17-21 Uhr, nicht in den Ferien

Selbsthilfewerkstatt
Mülheimer Straße 91
47058 Duisburg
Tel. 02065/899290 (abends)
Mo 17-18.30 Uhr,
Do 16.30-18.30 Uhr

Fahrradselbsthilfewerkstatt Radschlag
Katharinenstraße 11
01099 Dresden
E-Mail: radschlag-dresden@yahoo.de
www.radschlag.de.vu
Sa 11-17 Uhr

Fahrradselbsthilfewerkstatt Radi.O.
Wundtstr. 9
(Das rote Hochhaus)
01217 Dresden
E-Mail: fahrradwerkstatt_radio@gmx.de
www.stura.tu-dresden.de/dienstleistungen/radio
Mo 16.30-19 Uhr,
Do 16.30-19 Uhr

Fahr-Rat
Tungerstraße 9a
99099 Erfurt
Tel. 0361/2251732
E-Mail: adfc.thueringen@t-online.de
Mo/Di/Fr 10-16 Uhr,
Mi 10-19 Uhr

Ev.-Luth. St. Nicolai-Gemeinde
Waldschmidtstr. 116
60316 Frankfurt-Ost
Tel. 06941/3085 (ab 14 Uhr)
E-Mail: technik@adfc-frankfurt.de

Termine unter
www.adfc-frank
furt.de/aktuell/
selbsthi.htm

Fahrradwerkstatt in
der Fabrik
Habsburger-
straße 9
(im Hinterhaus)
79104 Freiburg
Tel. 0761/29280012
1. Sa im Monat
15-18 Uhr
Mo-Fr 15-18.30 Uhr
ohne Betreuung

Selbsthilfewerkstatt
Güterbahnhof-
straße 13
37073 Göttingen
Tel. 0551/45731
E-Mail: werkstatt@
adfc-goettingen.de
Do 17.30-20.00 Uhr

ADFC
Lange Straße 14
17489 Greifswald
Tel. 03834/897412
E-Mail: adfc-mv@
grypSeitecomlink.
apc.org
Mi 16-18 Uhr

Scharnhorst-
Gymnasium
Steingrube 19
31141 Hildesheim
Tel. 05121/130666
(Info-Laden,
Do 17-19 Uhr)
E-Mail: dietmar.
nitsche@t-online.de
Termine unter
www.adfc-hildes
heim.de/index.html?
werkstatt/start.htm

ADFC
Grünewaldstraße 19
04103 Leipzig
Info-Laden: Tel.
0341/22540313
E-Mail: info@
adfc-leipzig.de
Di, Mi und Do
14-18 Uhr
Ansprechpartner
Selbsthilfewerkstatt:
C. Petzold,
Tel. 0163/4494840
W. Hübner,
Tel. 0178/6604478

Selbsthilfewerkstatt
Platenstraße 4
80336 München
Tel. 089/77429
(Do/Fr 17-19.30 Uhr,
Sa 10-13 Uhr)
E-Mail: info@
adfc-muenchen.de
Ab März:
Mi, Do und Fr.
17-19.30 Uhr.
Selbsthilfetag mit
sachkundiger
Beratung jeweils
Donnerstag

Selbsthilfewerkstatt
Kirchstraße 40
48145 Münster
Tel. 0251/393999
E-Mail: info@
adfc-ms.de
www.adfc-ms.de
April-Sept.
1. und 3. Do im
Monat 19-21 Uhr
Okt.-März auf
Anfrage

Marktplatz in
Radolfzell
78315 Radolfzell
Tel. 07732/12482
E-Mail: adfc-
radolfzell@web.de
www.adfc-bw.de/
radolfzell
2. Do im Monat
17-19 Uhr ab
Frühjahr

Selbsthilfewerkstatt
Rotebühlstraße 86/
Innenhof
70187 Stuttgart
Tel. 07904/944741
Nov.-März jeden
2. Do im Monat
17-20 Uhr
Ab April wöchentliche
Öffnungszeiten.

Quelle: Allgemeiner
Deutscher Fahrrad-
club, www.adfc.de

Register – von A bis Z

Abgerissener Seilzug 89
Allroundreifen 36

Beleuchtung 60, 61
Beleuchtungs-Sets 63
Bikes für die Frau 13
Bowdenzug 27, 28
Bremsen 24, 73, 76
Bremsen, defekt 88
Bremshebel 25, 27
Bremsklötze 25, 26

Cantileverbremse 25
Check, kurzer 71
Check, umfangreicher 74
Citybike 7
Cleats 59

Dämpfungsgrad 20
Defekte Bremsen 88

Einstellung der Kettenschaltung 31
Ersatzteile 86

Fahrrad reinigen 79
Federgabeln 19
Federung 19
Felge 40, 41, 43
Felgenband 37
Felgenbremsen 25
Felgenbruch 41
Fitnessbike 10
Flicken 39

Gabel 18, 71, 74
Gebrochenes Rohr 88
Gepäckträger 76
Gerissene Kette 88

H-Schraube 32
Hydraulikbremse 25

Improvisation 87

Jahresinspektion 79

Kaputtes Schaltwerk 88
Kette 50, 52, 73
Kette, gerissen 88
Kettenblatt 54
Kettenpflege 50, 51
Kettenreinigung 69
Kettenschaltung 30
Kettenschaltung, Einstellung 31
Klickpedale 57, 58
Kompaktinnenlager 56
Kurzer Check 71

Lackschäden 17, 18
Laufrad 42
Laufrand 73, 76
Lenker 22, 74
Lenkerband 24
Lenkerbreite 23
Lenkerposition 23
Lichtanlage 61, 73
L-Schraube 32
Luftgabeln 19

Minitool 83
Mini-Werkzeug 83
Mittelzugbremsen 25
Mountainbike 11

Nabendynamo 63
Nabenschaltung 30

Pannensicherheit 36
Peda 56, 59, 73
Pflegemittel 68, 70
Presta-Ventil 36
Probefahrt 74, 77
Pumpen 65, 66

Rahmen 15, 71, 74
Rahmenbruch 17
Rahmengeometrie 16
Reifen 35
Reifen demontieren 36
Reifen montieren 37
Reifenheber 37
Reifenpanne 87
Rennrad 12
Ritzel 54
Rohr, geborchen 88
Rollwiderstand 35

Sattel 46, 49, 74
Sattel, Schaden am 88, 89
Sattelhöhe 48
Schaltung 29
Schaltwerk, kaputt 88
Schaltzug 34
Schlauch 38
Schraeder-Ventil 36
Seilzug, abgerissen 89
Seitenzugbremsen 25
Speichen 42, 45
Speichen, zentrieren 43
Speichenbruch 44, 88
Stahlfedergabeln 19
Stollenreifen 35
Stoßdämpfer 21

Trekkingrad 8
Tretlager 55

Umfangreicher Check 74

V-Brake 25
Vorbau 24, 74

Wartung 77
Werkzeug 65, 67, 83, 84

Zentrieren der Speichen 43

Wolfgang Taschner ist seit über 15 Jahren freier Fachjournalist und Herausgeber mehrerer Buchreihen. Er ist häufig als Reisebuch-Autor und Fotograf im In- und Ausland unterwegs. Spezialgebiet ist das naturnahe, sportlich-aktive Reisen. Da er bei der Recherche meist mit dem Fahrrad unterwegs ist, weiß er aus Erfahrung, dass sich durch vorbeugende Wartung viele Pannen vermeiden lassen.

Michael Reimer arbeitet seit acht Jahren als Fotograf und Autor an verschiedenen Reise-, Wander- und Radwanderführern sowie für Fachjournale. Schwerpunkt seines Schaffens sind die deutschsprachigen Länder, doch auch in exotischen Ländern wie Nepal und Ecuador ist er unterwegs. Wenn möglich immer mit dem »Drahtesel«, weshalb er von der richtigen Fahrradpflege ein Lied zu singen weiß.

Ein kostenloses Gesamtverzeichnis erhalten Sie beim
Bruckmann Verlag
D-81664 München
www.bruckmann.de

Lektorat: Kerstin Müller
Layout: Verlagsservice Peter Schneider
Repro: ScannerService, Verona
Herstellung: Thomas Fischer

Alle Angaben dieses Werkes wurden von den Autoren sorgfältig recherchiert und auf den aktuellen Stand gebracht sowie vom Verlag geprüft. Für die Richtigkeit der Angaben kann jedoch keine Haftung übernommen werden. Für Hinweise und Anregungen sind wir jederzeit dankbar.
Bitte richten Sie diese an:
Bruckmann Verlag
Lektorat
Innsbrucker Ring 15
D-81673 München
E-Mail: lektorat@bruckmann.de

Bildnachweis: Alle Fotos im Innenteil und auf dem Umschlag von Michael Reimer und Wolfgang Taschner.

Die Deutsche Bibliothek – CIP-Einheitsaufnahme
Ein Titeldatensatz für diese Publikation ist bei der Deutschen Bibliothek erhältlich.

Printed in Italy by PrinterTrento
ISBN 3-7654-4063-9